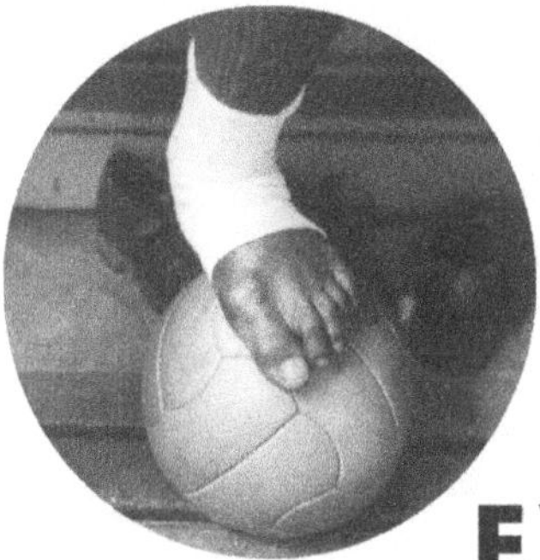

COMO O FUTEBOL EXPLICA O MUNDO

Franklin Foer

Franklin Foer

COMO O FUTEBOL EXPLICA O MUNDO

Um olhar inesperado sobre a globalização

Tradução:
CARLOS ALBERTO MEDEIROS

ZAHAR

Para Abby, minha esposa, e para os Waimberg, meus primos brasileiros

Tradução autorizada da primeira edição norte-americana publicada em 2004 por HarperCollins Publishers, de Nova York, EUA

Título original
How Soccer Explains the World: An Unlikely Theory of Globalization

Capa
Sérgio Campante

Foto de capa
© Charles Hewitt / Getty Images

CIP-Brasil. Catalogação na fonte
Sindicato Nacional dos Editores de Livros, RJ

Foer, Franklin
F68c Como o futebol explica o mundo: um olhar inesperado sobre a globalização / Franklin Foer; tradução de Carlos Alberto Medeiros. – 1ª ed. – Rio de Janeiro: Zahar, 2005.

Título original: How Soccer Explains the World: An Unlikely Theory of Globalization.

ISBN 978-85-7110-839-4

1. Futebol. 2. Globalização. 3. Conflito social. I. Título.

CDD: 306.4
05-0434 CDU: 316.334.3:796.332

EDITORA SCHWARCZ S.A.
Praça Floriano, 19, sala 3001 – Cinelândia
20031-050 – Rio de Janeiro – RJ
Telefone: (21) 3993-7510
www.companhiadasletras.com.br
www.blogdacompanhia.com.br
facebook.com/editorazahar
instagram.com/editorazahar
twitter.com/editorazahar

SUMÁRIO

PRÓLOGO

No futebol, sou um perna-de-pau.

Quando era garoto, meus pais ficavam de costas para o campo a fim de evitarem me ver jogar. Não os culpo. Só consegui dominar os fundamentos do jogo lentamente, depois de passar muitas temporadas correndo na direção oposta à da bola.

Apesar desses traumas, ou talvez em razão deles, meu amor pelo futebol transformou-se mais tarde numa coisa muito maluca. Eu tentava desesperadamente dominar o jogo que tinha sido fonte de tanta vergonha na minha infância. Como jamais conseguiria ganhar habilidade no esporte em si, só podia investir na segunda opção, que era tentar compreendê-lo em profundidade. Para um norte-americano, não era fácil. Durante minha infância, a TV pública reprisava irregularmente jogos da Alemanha e da Itália no horário dos televangelistas nas manhãs de domingo. Essas míseras reprises eram tudo de que se dispunha nos quatro anos que separavam duas Copas do Mundo. E olhe lá.

Mas lentamente a tecnologia foi preenchendo as brechas. Primeiro, graças a Deus, veio a Internet, onde você podia ler as páginas esportivas inglesas e seguir atentamente os jogadores que tinha conhecido na Copa do Mundo. Depois Rupert Murdoch, abençoado seja, criou um canal a cabo chamado Fox Sports, quase totalmente voltado ao futebol europeu e latino-americano.* Agora, uma antena parabólica traz para a minha sala de estar o ca-

* Sim, este livro deve sua existência à generosidade de Rupert Murdoch e sua empresa, HarperCollins, a editora original desta obra.

nal a cabo do Real Madrid, assim como jogos do Paraguai, Honduras, Holanda, Escócia e França, sem falar em Brasil, Argentina e Inglaterra.

Mais ou menos ao mesmo tempo em que essas estações de TV passaram a consumir parcelas incomodamente amplas do meu tempo de lazer, colunistas e economistas que escrevem em jornais começaram a falar da era da globalização. Como passo muitas das horas em que não estou vendo futebol exercendo a profissão de jornalista político em Washington, me vi atraído para o cerne dessa discussão. Graças ao colapso das barreiras comerciais e às novas tecnologias, dizia-se que o mundo tinha ficado muito mais interdependente. Thomas Friedman, colunista do *New York Times* e grande sacerdote da nova ordem, louvou "a inexorável integração de mercados, Estados-nações e tecnologias em um grau jamais observado antes – de uma forma que está habilitando indivíduos, corporações e Estados nacionais a se contactarem com o mundo de maneira mais ampla, rápida, profunda e barata do que em qualquer outra época".

Como fã de futebol, eu entendia exatamente o que ele estava dizendo. Não se tratava apenas da maneira como a Internet e os satélites haviam tornado o mundo do futebol tão menor e tão mais acessível. Era possível ver a globalização em ação: nos anos 1990, times bascos, orientados por técnicos galeses, abasteciam-se de jogadores da Holanda e da Turquia; equipes da Moldávia importavam nigerianos. Subitamente parecia que, para onde se olhasse, fronteiras e identidades nacionais tinham sido varridas para a lata de lixo da história. Os melhores clubes agora competiam entre si quase semanalmente em torneios como a Liga dos Campeões Europeus ou a Copa Libertadores da América.

Era fácil entusiasmar-se com a nova ordem. Esses torneios eram o doce sonho de um fã: a chance de ver o Juventus de Turim jogar numa semana com o Bayern de Munique e com o Barcelona na seguinte. Ao criarem alquimias culturais a partir de suas escalações, os técnicos muitas vezes produziam novos e maravilhosos espetáculos: o estilo italiano, cínico e defensivo, vitalizado pela infusão da liberdade de estilo de holandeses e brasileiros; o estilo duro (ou a falta de estilo) dos ingleses temperado por uma pitada de perspicácia sob a forma de atacantes franceses. Visto da minha poltrona, o futebol parecia estar muito mais adiantado no processo de globalização do que qualquer outra economia do planeta.

Mais que isso, eu podia imaginar um outro benefício da globalização do futebol que ainda estava por se concretizar: alguém precisava escrever um livro sobre o assunto, o que exigiria o trabalho (extremamente árduo...) de viajar pelo mundo, assistir a jogos, comparecer a treinamentos e entrevistar seus heróis. Tirei uma folga de oito meses de meu emprego na revista *New Republic* e visitei os estádios que mais ardentemente desejava conhecer.

Mais ou menos quando comecei a trabalhar neste livro, no outono de 2001, o consenso sobre a globalização mudou consideravelmente – por motivos óbvios. Não era mais possível falar de modo tão entusiástico, tão messiânico, sobre a promessa política de interdependência econômica. E havia outro problema: o breve experimento mundial de interdependência não chegara nem perto de produzir a prosperidade anunciada. Este livro tenta usar a metáfora do futebol na abordagem de algumas questões incômodas relacionadas com esse fracasso: por que algumas nações permaneceram pobres, embora tenham sido alvo de tanto investimento estrangeiro? Que perigo representam as corporações multinacionais que tanto atraem a ira da esquerda?

Isso não significa reviver as velhas e desgastadas críticas marxistas ao capitalismo das grandes corporações – a grande questão que este livro aborda é menos econômica que cultural. A inovação da esquerda antiglobalização é seu apego ao tradicionalismo: a preocupação de que gostos e tendências globais venham a sufocar as culturas nativas. Evidentemente, o futebol não é a mesma coisa que Bach ou o budismo. Mas freqüentemente provoca um sentimento mais profundo que a religião e, tal como esta, é uma parte do tecido comunitário, um repositório de tradições. Durante o regime franquista, o Atlético de Bilbao e o Real Sociedad eram os únicos espaços em que o povo basco podia expressar seu orgulho cultural sem ir para a cadeia. Em cidades industriais inglesas como Coventry e Derby, os clubes de futebol ajudaram a aglutinar pequenas comunidades em meio a uma poluição opressiva.

Pela lógica tanto de seus críticos quanto de seus proponentes, a cultura global deveria ter varrido do mapa essas instituições locais. Com efeito, viajando pelo mundo, é difícil deixar de se assombrar com o poder de megamarcas como o Manchester United e o Real Madrid, patrocinados pela Nike e pela Adidas, que cultivam seu apoio através dos continentes, afastando torcedores de seus antigos clubes. Mas essa homogeneização revelou-se mais exceção que regra. Perambulando entre torcedores lunáticos, dirigentes sem escrúpulos e artilheiros búlgaros ensandecidos, observei as formas como a globalização havia fracassado em reduzir as culturas futebolísticas regionais, as disputas sangrentas e mesmo a corrupção no plano local. Na verdade, comecei a suspeitar que a globalização de fato havia aumentado o poder dessas entidades locais – e nem sempre no bom sentido.

Em minhas viagens, tentei usar o futebol – seus torcedores, jogadores e estratégias – para imaginar como as pessoas se identificariam nesta nova era. Será que agora abraçariam novos rótulos, mais globalizados? Os seres humanos deixariam de pensar em si mesmos como ingleses ou brasileiros e começariam a se definir como europeus ou latino-americanos? Ou será que essas novas identidades não teriam sentido, com suas raízes pouco profundas? As pessoas retornariam a identidades mais antigas, como a religião e a tribo? A julgar pelo exemplo do futebol, religião e tribo têm grandes chances.

Este livro está dividido em três partes. A primeira tenta explicar o fracasso da globalização em reduzir ódios antigos ainda presentes nas grandes rivalidades em torno do esporte. É a parte *hooligan* do livro. A segunda usa o futebol para abordar questões econômicas: as conseqüências da migração, a persistência da corrupção e a ascensão de novos oligarcas poderosos como Silvio Berlusconi, presidente da Itália e do Milan. Por fim, o livro usa o futebol para defender as virtudes do nacionalismo ao estilo antigo – uma forma de evitar o retorno do tribalismo.

A história começa triste e vai ficando progressivamente mais otimista. Ao final, achei difícil ser demasiado hostil à globalização. Apesar de todas as suas muitas falhas, ela fez com que o futebol chegasse aos recantos mais distantes do planeta, e à minha vida.

1 COMO O FUTEBOL EXPLICA o paraíso dos gângsteres

I.

O Estrela Vermelha de Belgrado é o time de futebol mais amado e de maior sucesso da Sérvia. Como quase todo clube da Europa e da América Latina, tem o apoio de uma torcida indisciplinada, capaz de atos de terrível violência. Mas no Estrela Vermelha os torcedores violentos ocupam um lugar de honra, e mais que isso: reúnem-se com dirigentes do clube para atualizarem o plano de ação de suas gangues. Seus líderes recebem remuneração. E, como parte desse pacote, têm acesso a um escritório na sede do clube, localizada no bairro de classe média alta de Topcider.

As gangues têm influência, em grande parte, porque a conquistaram mediante a intimidação. Poucos meses antes de eu chegar a Belgrado e ficar sabendo da cumplicidade do clube nas guerras dos Bálcãs dos anos 1990, a torcida do Estrela Vermelha tinha invadido o campo durante um treinamento. Com bastões, barras de ferro e outros porretes, espancaram três de seus próprios jogadores. Depois do estrago, não se mostraram particularmente acanhados em anunciar seus feitos. Nesse caso, os *hooligans* disseram claramente aos repórteres que "não podiam mais tolerar a falta de compromisso em campo". Bastou um telefonema para se organizar uma entrevista com um punhado deles em sua sala de reuniões localizada no primeiro andar da sede do Estrela Vermelha.

A área de Belgrado onde fica a sede do clube tem um aspecto caricaturalmente assustador. Um enorme bando de corvos reside no telhado do estádio. Quando um time marca um gol e a multidão explode, os pássaros fogem – por toda a cidade, é possível calcular o resultado dos jogos com base na presença ou ausência de uma nuvem ornitológica sobre o horizonte. Do outro lado da rua, em frente ao estádio, a família de Arkan, o mais famoso gângster e tirano militar da história sérvia, vive num castelo que ele próprio construiu, uma monstruosidade em estilo novo-rico com fileiras de torres e torreões. Como me demorei demais perto da casa, um homenzarrão com casaco de couro apareceu e me perguntou o que estava fazendo. Por causa das atrocidades cometidas pelos homens de Arkan, apresentei-me como um turista perdido, nervosamente lhe pedi orientação e me afastei em seguida. Na tarde de minha visita, a cor do céu era cinza-chumbo.

Meu tradutor havia me arranjado um encontro com Draza, líder de uma torcida do Estrela Vermelha que se auto-intitula os Ultra Bad Boys. Ele o persuadiu com a promessa exagerada de que uma entrevista traria glória ao clube e reconhecimento internacional às realizações de seus torcedores. Seis colegas tagarelas de Draza o acompanharam. À primeira vista, os Bad Boys não pareceram absolutamente merecedores da primeira parte de seu nome, mas muito da segunda. Tirando as grandes tatuagens vermelhas com o nome da gangue em suas panturrilhas, pareciam jovens relativamente honestos. Draza usava um casaco de lã macia e calças de brim cáqui. Sua cabeleira comprida, mas obviamente tratada em salão, lhe empresta a aura de um estudante de filosofia. Logo fica claro que ele *é* aluno de faculdade e está enrolado preparando-se para os exames. Seus amigos não são mais ameaçadores. Um deles tem o cabelo cortado em cuia, rosto rechonchudo e uma parca de esquiador de tamanho exagerado que não tira nunca – parece o tipo de sujeito que foi alvo de trotes no colégio.

Talvez para aumentar sua credibilidade, os Bad Boys trouxeram consigo um homem de cabelo grisalho chamado Krle, que usa uma jaqueta preta surrada do San Antonio Spurs. A vigorosa constituição de Krle dá a impressão de que ele passa o tempo livre exercitando-se numa barra colocada no vão de uma porta de seu apartamento. Muitos anos vivendo como *hooligan* fizeram-no envelhecer precocemente. (Quando indago sua idade e ocupação, ele muda de assunto.) Diferentemente do entusiasmo ingênuo exibido pelos adolescentes, Krle mostra indiferença. Diz ao tradutor que só compareceu à entrevista por insistência de Draza. Seu único gesto de simpatia é ficar me oferecendo cerveja sérvia quente em uma garrafa de plástico. Depois de provar a cerveja, não me pareceu algo tão cordial assim. Mas por causa da irritação em seus olhos cinzentos, eu me vi bebendo um copo atrás do outro.

Krle funciona como assessor sênior do grupo, um mentor dos aspirantes a *hooligan*. Deixando de lado o olhar feroz e o comportamento hostil, eu realmente estava satisfeito com sua presença. Meu interesse pelo Estrela Vermelha concentra-se nos anos 1990, seu auge como bandido, quando as torcidas desempenhavam um papel central no renascimento do nacionalismo sérvio – a idéia de que os sérvios são as eternas vítimas da história que têm de lutar para preservar um fiapo de dignidade. Sem precisar de muito estímulo, Draza fala claramente dessas ligações. Infelizmente, seu monólogo não dura muito. Exercendo sua autoridade com olhares voláteis e interrupções bruscas, Krle assume o controle da conversa. Suas respostas são curtas.

— Quem você mais odeia?

Pausa para alguns segundos de meditação.

— Um croata, um tira; não faz diferença. Eu mataria todos eles.

— Qual é o seu método de espancamento preferido?

— Barras de metal, um tipo especial de chute que quebra uma perna quando o cara não está atento.

De repente, ele dá um chute no ar, num movimento obviamente bem treinado.

Com o efeito estimulante da bebida, tento chegar mais perto do motivo de minha visita.

— Percebi que vocês chamam Arkan de "comandante". Podem falar um pouco mais sobre como ele organizou os torcedores?

Seu olhar é de uma pessoa profundamente ofendida, e depois de fúria incontrolável.

— Eu não devia estar respondendo suas perguntas. Você é norte-americano. E seu país nos bombardeou. Você mataram bons homens sérvios.

Boa razão para mudar de assunto. Num aparte a meu tradutor, que só me revelaria seu conteúdo depois da entrevista, Krle anuncia:

— Se eu encontrasse esse norte-americano babaca na rua, ia bater nele pra valer.

Krle então se retira da conversa. Primeiro fica em pé, impaciente, no lado oposto da sala. Depois se joga sobre uma cadeira e a inclina sobre os pés traseiros. Quando isso deixa de ocupar sua atenção, ele se levanta de novo e começa a caminhar.

Nesse ínterim, seus protegidos prosseguem na descrição entusiástica de seus atos de violência. Revelam-me sua tática de guerrilha favorita: vestir-se com o uniforme dos adversários. Isso lhes possibilita fazer amizade com torcedores visitantes, atraí-los para seus carros, levá-los para lugares remotos e espancá-los. Gabam-se do domínio que exercem sobre os torcedores do Partizan, seus rivais em Belgrado. Draza mostra especial satisfação ao descrever um jogo contra o Partizan na temporada anterior. Trinta minutos antes do pontapé inicial, os Ultra Bad Boys tinham agrupado silenciosamente seus membros mais fortes num canto do estádio, perto de algumas árvores. Cada um levava uma barra de metal ou um porrete de madeira. Assumiram uma formação em V e começaram a abrir caminho violentamente pelo estádio, batendo em todos que estivessem pela frente. Primeiro atacaram a torcida visitante. Depois, lançaram-se violentamente sobre um grupo de policiais. O ataque foi tão rápido que nem a polícia nem os torcedores do Partizan tiveram tempo de reagir. No seu caminho, deixaram fileiras de vítimas, como os rastros recentes de um cortador de grama.

— Atravessamos o estádio em cinco minutos – diz Draza. — Foi incrível.

Afora os paroxismos de Krle, os Ultra Bad Boys nunca diziam palavrões. Consideravam-se ocupantes de um domínio moral mais elevado que o de seus adversários: não usar armas de fogo, não bater no inimigo depois de ele ter perdido a consciência. Draza explica:

— A torcida do Partizan uma vez matou um fã do Estrela Vermelha. Ele estava sentado no estádio e eles atiraram um rojão no seu peito. Os monstros mataram o garoto. Eles não respeitam limites.

Os Ultra Bad Boys contam tudo que eu quero saber.

Quando guardo a caneta e o caderno, Krle retorna ao grupo. Fica na minha frente e faz a saudação de três dedos dos nacionalistas sérvios, o sinal da paz com o acréscimo do polegar. O sinal significa tanto a santíssima trindade quanto a crença dos sérvios de que são seus mais autênticos representantes no planeta.

— Agora você – diz ele em inglês.

Obedeço. Antes de eu sair da sala, Krle me faz repetir o gesto quatro vezes. Quando, mais tarde, descrevi esse momento a um militante de direitos humanos que está há muitos anos em Belgrado, ele me disse que, durante a guerra, os paramilitares forçavam muçulmanos e croatas a fazerem essa saudação antes de os estuprarem ou matarem.

Krle atuara como capanga do Estrela Vermelha no ano mais glorioso do clube. Em 1991, o time ganhou a Copa dos Campeões Europeus – a mais prestigiosa competição anual interclubes. A equipe era uma metáfora do esfacelamento da Iugoslávia. Apesar de sua história de veículo do nacionalismo sérvio, o Estrela Vermelha tinha jogadores de todo o país, até mesmo um vociferante separatista croata. Cada Estado da antiga Iugoslávia desenvolvera estereótipos étnicos amplamente aceitos, que os comentaristas esportivos transpunham para os jogadores. Os eslovenos eram soberbos defensores, correndo incansavelmente atrás dos atacantes adversários. Os croatas tinham um pendor germânico para aproveitar oportunidades de gol. Bósnios e sérvios mostravam criatividade em dribles e passes, mas ocasionalmente lhes faltava sagacidade tática. No Estrela Vermelha, um amálgama de diferentes iugoslavos reunia suas especialidades e vencia as superpotências da Europa Ocidental.

Essa performance deveria ter proporcionado alguma esperança de salvação para a Iugoslávia multiétnica. Mas, à sombra dessa temporada do campeonato, na sede e no estádio do Estrela Vermelha tramava-se a destruição dessa Iugoslávia. A partir das próprias fileiras do clube, uma organização paramilitar de *hooligans* foi formada e armada. Krle, que levou um tiro na perna, serviria nesse exército. Os torcedores do Estrela Vermelha se tornariam as tropas de choque de Milosevic, os mais ativos agentes da limpeza étnica, genocidas altamente eficientes.

É difícil imaginar os Ultra Bad Boys como figuras típicas. Parecem produto de um país atormentado pela guerra e de sua ideologia doente. Mas na verdade não são uma peculiaridade nacional. A partir da década de 1980, o *hooligan* veio a ser amplamente considerado um dos grandes inimigos do Ocidente. "Uma desgraça para a sociedade civilizada", disse uma vez Margaret Thatcher. Com base na taxa de mortalidade – mais de uma centena naquela década –, os ingleses eram os principais produtores mundiais de torcedores enlouquecidos, mas estavam longe de serem os únicos. Por toda a Europa, América Latina e África a violência tornara-se parte da cultura futebolística. E mesmo em lugares onde a violência de há muito acompanhava o futebol, ela se tornou mais generalizada e destrutiva nos anos 1980 e 1990. Os torcedores sérvios eram apenas um pouco mais organizados e mais bem armados que seus equivalentes do resto do mundo.

Susan Faludi e uma legião de sociólogos apresentam uma explicação para esse surto. Têm escrito sobre homens vitimados por cortes e reduções de emprego, que perderam seus lugares na indústria para trabalhadores do Terceiro Mundo. Desprovidos do emprego tradicional e derrubados de seus pedestais patriarcais, esses homens desejavam desesperadamente reafirmar sua masculinidade. A violência no futebol ofereceu-lhes uma rara oportunidade de realmente exercerem o controle. Quando esses torcedores aderiram ao racismo e ao nacionalismo radical, foi porque essas ideologias funcionavam como metáforas de suas próprias vidas. Suas nações e suas raças tinham sido sacrificadas pelo mundo de modo tão profundo quanto eles próprios.

Privação econômica e exôdo são explicações óbvias. Mas há muita coisa que esses fatores não podem explicar. Ultra Bad Boys como Draza também podem ser jovens universitários com perspectivas decentes. Os Chelsea Headhunters, a mais notória gangue de *hooligans* da Inglaterra, inclui corretores de valores e profissionais de classe média com carreiras sólidas. Além disso, a história humana é repleta de pobres, mas é raro que eles se reúnam em grupos para mutilar pelo prazer de mutilar.

Algo diferente aconteceu nesta era. Um *ethos* de gangsterismo – difundido pelos filmes, pela música e pela moda – conquistou o mundo. Os torcedores do Estrela Vermelha tinham como modelos os estrangeiros que eles admiravam, especialmente os *hooligans* da Europa Ocidental. O nome Ultra Bad Boys foi tirado de clubes de torcedores italianos. Outra torcida se atribuiu o nome Red Devils, apelido do Manchester United da Inglaterra. No final dos anos 1980 e início dos 1990, os *hooligans* do Estrela Vermelha iam ao Centro Cultural Britânico, na área central de Belgrado, para pesquisar os jornais em busca das últimas badernas provocadas por seus pares ingleses. Os *hooligans* sérvios também reverenciavam a moda: usavam trajes esportivos da Adidas, correntes de ouro e tênis de couro branco, tal como os torcedores ensandecidos do outro lado do continente, pelo que liam nos jornais. Evidentemente, a genealogia dessa estética tinha outras raízes além da Inglaterra. Ela devia muito ao *gangster rap* afro-americano, gênero favorito dos jovens sérvios, e incorporava os costumes da emergente máfia russa. O gangsterismo e sua violência niilista tornaram-se amplamente globalizados. E foi nos Bálcãs que essa subcultura se tornou cultura e revelou sua conclusão lógica.

II.

Na história da guerra dos *hooligans*, nenhuma batalha foi tão espetacular. Um ano antes de o Estrela Vermelha ganhar a Copa Européia, a equipe viajou para a Croácia para jogar com seu rival, o Dínamo de Zagreb. Sinais de que o Estado multiétnico da Iugoslávia talvez não sobrevivesse por muito tempo podiam ser vistos por toda Zagreb. Dois meses antes, os croatas tinham eleito Franjo Tudjman, um ultranacionalista, ex-general e ex-presidente do Partizan de Belgrado, um time de futebol. A adoção, por Tudjman, dos ícones Ustache – símbolos dos fascistas croatas que colaboraram com os nazistas no assassinato de milhares de sérvios – acordou as paixões nacionais de seu povo, há longo tempo adormecidas.

Durante os 35 anos em que o marechal Tito, um comunista carismático, governou a Iugoslávia, ele suprimiu os ressentimentos relativos à Segunda Guerra Mundial simplesmente declarando ilegal manifestá-los. A Iugoslávia nunca se conformara com o fato de seus maiores segmentos terem se massacrado mutuamente. Agora, com a dissolução do comunismo, antigas feridas se reabriam. Sérvios e croatas começaram a expor abertamente os crimes de guerra uns dos outros – e a exigir justiça em relação a eles. Um forte surto de literatura revisionista descrevia a "história oculta" da Segunda Guerra Mundial. Os livros transformaram-se em documentários de TV, e estes foram reduzidos a poderosos slogans políticos que empurraram as agendas nacionais em direções nacionalistas. Em um de seus primeiros atos, Tudjman "rebaixou" os sérvios na constituição croata. A nova – ou melhor, antiga – inimizade era agora visível nos estádios de futebol. Nos jogos entre equipes sérvias e croatas, os torcedores cantavam os respectivos massacres.

Na partida entre o Estrela Vermelha e o Dínamo, contudo, foi a primeira vez em 15 anos que a Iugoslávia viu seus grupos étnicos se enfrentando abertamente. De início, a confusão parecia administrável segundo os padrões do futebol europeu. Torcedores do Estrela Vermelha rasgavam cartazes e gritavam: "Vamos matar Tudjman." Quando os torcedores do Dínamo começaram a lhes jogar pedras, os do Estrela Vermelha usaram os cartazes como escudos. As cercas que separavam as duas torcidas desapareceram misteriosamente. A briga tomou conta do estádio, com os combatentes identificados pelas cores das camisas, e então avançou para o gramado. A polícia mostrou-se inepta para enfrentar a situação. Quando um policial bateu num torcedor de Zagreb, um jogador do Dínamo chamado Zvonimir Boban interveio, atingindo o policial no pescoço com uma tesoura voadora. Helicópteros desceram no estádio para tirar os jogadores sérvios da confusão.

Para qualquer observador, estava claro que tanto sérvios como croatas tinham ido ao jogo preparados para a luta. Pedras haviam sido cuidadosamente empilhadas no estádio antes da partida, prontas para serem atiradas. Torcedores croatas tinham estrategicamente armazenado ácido, de modo a poderem derreter as cercas que os separavam de seus rivais sérvios. De pé ao lado do treinador do Estrela Vermelha, protegendo-o da violência, estava uma figura ainda mais sinistra, um pistoleiro da polícia secreta chamado Zeljko Raznatovic. Sua carreira como gângster lhe granjeara uma reputação de proporções quase míticas, tanto que todos se referiam a ele por um de seus cerca de 40 apelidos. Considerando-se todos os muçulmanos que ele iria massacrar mais tarde, é irônico que ele atendesse pelo nome turco de Arkan.

Arkan cresceu na placidez da Iugoslávia de Tito, uma versão balcânica dos seriados água-com-açúcar da TV norte-americana dos anos 1960, em que se supunha que sérvios e croatas fossem vizinhos felizes. Mas Arkan havia rejeitado o conformismo comunista. Seu pai servira como oficial na força aérea de Tito e usava o manual militar como um guia *à la* dr. Spock para criar seu filho. Previsivelmente, a dura disciplina produziu uma reação contrária. Por volta dos 16 anos, Arkan tinha abandonado a academia naval e embarcado clandestinamente para a Itália, e depois ganhara a vida cometendo pequenos crimes em Paris. Sem permanecer muito tempo nessa carreira, foi preso e condenado a três anos de detenção num estabelecimento para delinqüentes juvenis. Diferentemente de outros criminosos com os quais se associava, Arkan não se tornara um ladrão para sustentar uma vida luxuosa de gângster. Um de seus amigos contou que uma vez, em Milão, festejaram um assalto com uísque e mulheres, mas Arkan recusou-se a participar da festa. Ficou sentado sozinho num quarto com a janela aberta, deixando sair a fumaça dos cigarros e fazendo ginástica.

O mito de Arkan tem mais a ver com as conseqüências de seus crimes do que com os crimes em si. Ele tinha uma capacidade mágica de fugir. Em 1974, os belgas o prenderam por assalto a mão armada. Três anos depois, ele escapou da prisão e fugiu para a Holanda. Quando a polícia holandesa o pegou, ele arranjou um jeito de fugir outra vez. Naquele mesmo ano, repetiu o feito num hospital-prisão alemão. Sua obra-prima foi a aparição no tribunal sueco que julgava seu sócio Carlo Fabiani. Arkan irrompeu na sala do tribunal portando uma arma em cada mão. Apontou uma para o juiz e jogou a outra para Fabiani. Sua audaciosa fuga pela janela poderia ter sido orquestrada por Jerry Bruckheimer.*

Com essas fugas espetaculares, a Europa Ocidental ficou perigosa demais para Arkan. De volta a Belgrado, ele se reconciliou com o pai e depois utilizou suas conexões com o aparelho de segurança iugoslavo. Bem antes da volta de Arkan, a polícia tinha começado a recrutar criminosos para fazerem o trabalho sujo, principalmente assassinar dissidentes exilados. Como parte do acordo com o governo, os criminosos podiam violar a lei no estrangeiro e depois voltar em segurança para a Iugoslávia. Arkan virou um astro nesse sistema, e ostentava esse status. Andava por Belgrado num Cadillac rosa. Depois de matar um policial, fato extremamente raro na ordeira sociedade comunista, ele desembainhou suas credenciais do Ministério do Interior e saiu calmamente da sala de julgamento.

À sua maneira arrogante, Arkan antecipou a transição para o pós-comunismo do final dos anos 1980, período em que gângsteres e contrabandistas governaram a então próspera economia sérvia. E ele era mais que uma figura representativa. Ajudou Slobodan Milosevic, que se tornara o chefe do Partido Comunista Sérvio em 1986, a realizar uma tarefa excepcionalmente difícil.

---

*Produtor de filmes de ação como *Pearl Harbor, Armagedon, 60 Segundos* e *A Rocha.* (N.T.)

Milosevic ganhara popularidade e poder explorando o nacionalismo sérvio, há muito reprimido. Mas, cínico que era, também percebia a rapidez com que essas paixões inflamadas poderiam voltar-se contra si. O nacionalismo precisava ser cuidadosamente controlado. Um lugar obviamente perigoso era o estádio do Estrela Vermelha de Belgrado, onde os *hooligans* haviam se tornado politizados, criavam faixas com os rostos de santos ortodoxos sérvios e do romancista ultranacionalista Vuk Draskovic, chefe do Partido da Renovação Sérvia. Seus cânticos clamavam por independência: "Sérvia sim, Iugoslávia não."

O fato de o estádio tornar-se tão efervescente não pode ser considerado estranho. Desde o início, o Estrela Vermelha sempre fora um bastião do nacionalismo. Durante o comunismo, os clubes de futebol do bloco oriental aderiram basicamente ao mesmo modelo de patrocínio. Havia geralmente um time fundado e mantido pelo Exército, outro patrocinado por policiais e outros ligados a sindicatos e ministérios. Em Belgrado, o Exército patrocinava o Partizan e a polícia mantinha o Estrela Vermelha. Para os nacionalistas sérvios, o Exército representava os inimigos de sua causa. A ideologia do exército comunista rejeitava qualquer noção de identidade sérvia como um anátema da solidariedade dos trabalhadores e da harmonia étnica. Os *partisans* de Tito, homônimos do time do Exército, haviam matado, encarcerado e espancado os Chetniks, o exército de nacionalistas (alguns dizem fascistas) sérvios que também enfrentara os nazistas. Haviam suprimido a Igreja Ortodoxa sérvia. Com esses adversários odiosos, o Estrela Vermelha tornou-se um lar para os sérvios que aspiravam a recuperar sua nação.

Por toda a história do Estrela Vermelha, autoridades policiais ocuparam cargos em sua diretoria. Em 1989, o ministro do Interior de Milosevic era um deles. Ele percebeu que o clube havia se tornado um caldeirão da alienação pós-comunista e uma incontrolável confusão de gangues, especialmente das ultranacionalistas. Os jornais estavam repletos de matérias acusando os estádios de símbolos da "desintegração geral da civilização". Para administrar essa bagunça, a polícia atribuiu a Arkan, ele próprio um fanático pelo Estrela Vermelha, a tarefa de controlar os torcedores.

Arkan negociou uma trégua entre as facções rivais, colocando-as todas sob uma única organização chefiada por ele. Trocou o nome da torcida de Ciganos – um insulto dos adversários que os torcedores haviam transformado em símbolo de honra – para Delije. Tal como o nome Arkan, o novo título vinha do turco, significando algo próximo de heróis, e suas conotações inegavelmente marciais se ajustavam ao novo espírito do clube. Quase instantaneamente, Arkan impôs a mesma disciplina que praticava em sua própria vida. Os pequenos atos de violência cessaram. "A administração do Estrela Vermelha o proclamou seu salvador", relatava uma das revistas oficiais do time. Krle, que se tornara um soldado de infantaria do Delije, me contou que "era impossível não ter respeito por um homem como Arkan".

Quando Arkan conseguiu amansar os nacionalistas do Estrela Vermelha, a maré política mudou. A retórica nacionalista de Milosevic convencera os líderes da Croácia e da Eslovênia de que não podiam continuar associados aos sérvios – ou, no mínimo, Milosevic lhes deu um pretexto para alimentarem seus próprios nacionalismos. Croácia e Eslovênia foram em frente, declarando-se Estados independentes – ao que a Sérvia respondeu com a guerra.

A romântica aparência de guerra estava por toda parte. A mídia investia contra o tratamento dispensado pelos croatas à minoria sérvia, assunto que tocava num ponto particularmente sensível para a nação. Mas a Sérvia não dispunha em seu Exército de um número suficiente de homens dispostos a sair em campo para fazer o trabalho sujo. Driblar o recrutamento tornou-se um rito de passagem. Meu tradutor descreveu-me como fingiu estar louco e produziu feridas cheias de pus no próprio rosto para escapar do Exército após 52 dias de serviço. Esperando enganar os responsáveis pelo recrutamento, jovens dormiam em diferentes apartamentos a cada noite. Num momento de desespero, a polícia começou a retirar homens de restaurantes em Belgrado e enviá-los para a frente de batalha. Ao lado do problema das tropas, havia também o dos oficiais: o alto comando do Exército vinha de uma cultura militar alicerçada no comunismo. Seus membros tinham sido treinados para acreditarem num Estado iugoslavo equânime que funcionaria como árbitro das etnicidades.

Sem um exército regular confiável, os líderes sérvios começaram, discretamente, a montar forças paramilitares. O Delije de Arkan revelou-se um irresistível veículo de recrutamento. Afinal de contas, o Delije tinha a reputação de praticar uma violência cruel e depois celebrá-la em suas canções ("Machados na mão/ e uma faca nos dentes/ vai ter sangue esta noite"). Comandados por Arkan, seus membros agora operavam segundo uma hierarquia cuidadosamente delineada, que obedecia às ordens de um único líder. E, como provaram contra o Dínamo de Zagreb no famoso jogo transmitido pela TV, na realidade gostavam de enfrentar os croatas. O governo preferia esse estilo *hooligan*. A Sérvia não precisava de tropas convencionais para enfrentar um exército inimigo. Era raro ocorrer esse tipo de combate nos Bálcãs. O governo necessitava de uma força que pudesse aterrorizar os civis, fazendo com que muçulmanos e croatas fugissem de seus lares nos territórios que os sérvios esperavam controlar.

Nos jornais iugoslavos – e, nesse sentido, de todo o mundo –, a guerra foi uma metáfora do esporte. Os times lutavam e atacavam; tinham defesas impenetráveis e atacantes que bombardeavam os adversários. Os homens de Arkan tornavam viva essa metáfora. Como ele declarou numa entrevista alguns anos depois: "Nós, torcedores, primeiro treinamos sem armas ... Desde o início eu insisti na disciplina. Os torcedores fazem barulho, querem ficar bêbados, vadiar. Resolvi acabar com tudo isso de uma só tacada: obriguei-os a cortarem o cabelo, fazerem a barba regularmente, pararem de beber, e tudo entrou nos trilhos."

Arkan deu a seu exército o nome de Tigres, mas também poderia chamá-lo de Delije. Recrutas do Estrela Vermelha treinavam num quartel da polícia, suprido pelo Exército, na cidade croata de Erdut. Segundo todos os relatos, estavam armados até os dentes. Escrevendo num jornal de esportes de Belgrado em 1992, um repórter registrou numa matéria sobre os Tigres: "Eu rebobino o filme das minhas memórias e distribuo esses bravos rapazes por todos os estádios da Europa. Sei exatamente onde estava cada um deles, quem começou a cantar, quem desfraldou a bandeira, quem acendeu a primeira tocha. O Delije deixou os acessórios de seus patrocinadores em algum lugar sob a abóbada do estádio Marakana e saiu para a guerra de rifle na mão."

Mas eles não deixaram para trás todo o comportamento de torcedor. O antropólogo Ivan Colvich, de Belgrado, mostrou que os torcedores levavam consigo para o *front* as canções cantadas nos estádios, alterando um pouco as letras para colocá-las claramente num contexto militar. Jogadores do Estrela Vermelha iam de carro até o acampamento de Arkan para visitarem torcedores feridos. Vladan Lukic, capitão do time, contou ao *Jornal Sérvio* que "muitos de nossos leais torcedores da parte norte do [estádio] Marakana estão escrevendo, das formas mais óbvias, as mais belas páginas da história sérvia".

III.

O exército de Arkan participou da primeira ofensiva sérvia de 1991-2 e logo começou a ganhar sua notória reputação. Fotografias dos feitos de Arkan levaram o Ocidente a se voltar decisivamente contra a Sérvia. Mais relevantes, nesse sentido, foram as revoltantes fotografias de Bijeljina. Numa delas, em pé sobre o cadáver de um civil muçulmano, Arkan beija o presidente da República Sérvia da Bósnia. Outras mostram os Tigres chutando corpos sem vida e pisando nos crânios de suas vítimas.

Quando a Croácia lançou uma bem armada contra-ofensiva em 1995, Arkan voltou a mobilizar seu exército. Em sua casa, localizada em frente ao estádio do Estrela Vermelha, ele viu pela televisão os croatas reconquistarem seus territórios. Como sua esposa me contou, as imagens fizeram com que ficasse furioso. "Estão matando o meu povo, preciso entrar nessa guerra", exclamou ele. Àquela época, Arkan estava casado havia poucas semanas. Sua esposa diz que apelou ao seu senso de dever conjugal. "Agora você tem que pensar na sua família", argumentou. Em vez de responder, ele se retirou em silêncio para o quarto. Dez minutos depois, quando foi ver como ele estava, ela o encontrou de boina e em trajes de campanha. Em 30 minutos, depois de um telefonema, seu exército estava reunido em frente ao estádio do Estrela Vermelha.

Arkan comandou algumas de suas ofensivas mais sangrentas perto da cidade bósnia de Sasina. Para supervisionar as operações, estabeleceu um posto de comando no escritório de administração do Hotel Sanus. De lá, enviava os Tigres em patrulhas com a finalidade de deter civis muçulmanos, expulsar suas famílias e saquear suas casas. O roubo tornara-se um dos principais objetivos dos Tigres. Uma testemunha contou ao *Los Angeles Times*: "Quando entravam numa residência muçulmana [etnicamente] 'purificada', alguns deles se dirigiam à cozinha e começavam a retirar utensílios. Outros iam atrás da televisão e do aparelho de vídeo-cassete. Outros ainda começavam a escavar o jardim em busca de jóias escondidas. Era fácil reconhecer os homens de Arkan: tinham as unhas sujas de tanto cavarem." Quando os Tigres capturavam muçulmanos em Sasina, eles os transportavam para o quartel-general de Arkan, no hotel. Alguns foram espancados e interrogados. Outros foram amontoados na sala da caldeira, no porão, cuja área era de cinco metros quadrados. Por mais de três dias, os Tigres mantiveram nesse espaço 30 homens e uma mulher, sem água, comida ou ventilação adequada. Um ônibus transportou os detentos da sala da caldeira até o sopé de um morro em frente à igreja da aldeia. Todos foram mortos, com exceção de dois, e lançados em valas coletivas que seriam exumadas um ano mais tarde. Ao final da guerra na Croácia e na Bósnia, segundo estimativas do Departamento de Estado, os Tigres de Arkan haviam assassinado pelo menos dois mil homens e mulheres, cortando gargantas, estrangulando ou utilizando outros métodos de execução.

Os crimes de Arkan foram bem documentados. Na sociedade sérvia, não era difícil ter conhecimento deles. Milosevic não cortara o acesso à Internet, não proibira as antenas parabólicas nem expulsara os militantes dos direitos humanos. Filip David, dissidente de Belgrado, disse-me simplesmente: "Nós sabíamos." Mas em vez de submeter Arkan à execração moral, a sociedade sérvia o transformou em herói.

Muitos dos sérvios que testemunharam a veneração dedicada a Arkan agora a comparam à cobertura laudatória, arrebatada, que os norte-americanos devotaram a John Gotti e Al Capone. Essa comparação, contudo, atenua tanto a perversidade de Arkan quanto a omissão da imprensa sérvia. Com aparições regulares no programa de variedades *Minimaxovision*, extremamente popular, Arkan se apresentava como um personagem encantador que até mesmo a classe média podia adorar. Usou esses meios para anunciar seu casamento com a *pop star* Ceca, assim como os iminentes nascimentos de seus filhos. Quando se casou com ela, em 1994, a TV transmitiu o evento ao vivo.

A guerra não fez de Arkan apenas um homem famoso – também o enriqueceu. O patriotismo fornecera a justificativa para saquear em grande escala. Arkan dirigia sua rede, os Tigres, como um conglomerado do mercado negro livre de sanções, açambarcando monopólios do petróleo e de bens de consumo. Alguns moradores de Belgrado apelidaram jocosamente o distrito comercial da cidade de "Arkansas". Aqui, a metáfora do gângster norte-americano de fato funciona. Como muitos mafiosos antes dele, Arkan pretendia legitimar sua fortuna recém-adquirida. Mais especificamente, esperava tornar-se dono de um clube de futebol que lhe fornecesse prestígio internacional e aumentasse a adoração de que era alvo. Como os dirigentes do Estrela Vermelha não concordassem em vender-lhe o clube, Arkan resolveu criar seu próprio Estrela Vermelha. Primeiro, comprou um time do Kosovo e expurgou sua formação composta amplamente de albaneses étnicos. Depois, em 1996, trocou-o pelo clube Obilic de Belgrado, uma equipe semiprofissional que permanecia há décadas nas divisões inferiores do futebol iugoslavo.

Parte da atração exercida pelo Obilic vinha de seu nome: o mesmo de um cavaleiro que lutou por Kosovo na batalha de 1389 em que os sérvios foram derrotados – o momento que definiu a narrativa nacional centrada na vitimização. Pouco antes da batalha, Obilic infiltrou-se no acampamento turco e apunhalou o sultão Murad com uma adaga envenenada. Arkan ampliou a mística preexistente, apresentando-se como um Obilic contemporâneo. Mudou a cor do uniforme do clube para amarelo, um tributo aos Tigres, e fez do tigre um símbolo onipresente no estádio. A imagem desse animal lhe dá as boas-vindas na sede e aparece nas portas dos veículos do clube.

Sob a administração de Arkan, o clube triunfou quase instantaneamente. Um ano depois de ingressar na divisão principal, ganhou o campeonato nacional. Arkan gostava de se gabar dos segredos de seu sucesso: o fato de que pagava aos jogadores os maiores salários do país; de que os proibia de beberem antes dos jogos; de que os instruía a agirem segundo a disciplina de uma unidade militar. Mas os adversários têm outra explicação para a inacreditável rapidez de sua ascensão: de acordo com um relato amplamente divulgado, Arkan havia ameaçado matar um atacante de uma equipe rival caso ele marcasse um gol contra o Obilic. Outro jogador contou à revista inglesa *Four-Four Two*, especializada em futebol, que foi trancado numa garagem enquanto seu time jogava contra o Obilic.

Nos jogos, a mensagem de Arkan a seus oponentes era bastante clara. O corpo de torcedores do Obilic era constituído substancialmente de paramilitares. Esses Tigres "escoltavam" os árbitros para os estádios em seus jipes. Durante as partidas, cantavam coisas como "se você marcar, não sairá vivo do estádio" ou "vamos quebrar suas duas pernas, você vai caminhar com as mãos". Como assinalaram os jornais ingleses, era do maior interesse dos jogadores aceitar essas exigências. Freqüentemente se viam sob a mira das armas dos torcedores.

Segundo um boato divulgado em Belgrado, Arkan adquiriu o hábito de irromper, durante os intervalos, nos vestiários das equipes adversárias, onde ofendia os jogadores em altos brados. Para evitar essa cena, o Estrela Vermelha simplesmente se recusava a deixar o campo durante o intervalo. Seus jogadores passeavam pelo gramado, chegavam até a urinar nas laterais do campo, em vez de se arriscarem a um encontro com Arkan. Depois de uma partida, o atacante Perica Ognjenovic, do Estrela Vermelha, queixou-se: "Isto não é futebol, isto é guerra. Acho melhor sair do país."

Com seu súbito sucesso, o Obilic qualificara-se para competir com outros grandes times na Liga dos Campeões Europeus. Mas nem mesmo as autoridades do futebol europeu – não exatamente rígidas quando se trata de criminosos e ditadores – podiam tolerar a presença de Arkan em seus estádios. Eles baniram o clube das competições continentais. Para contornar a situação, Arkan desistiu do cargo no clube e fez-se substituir por sua mulher, Ceca. Não era preciso um promotor de Haia para encontrar falhas nessa prestidigitação. Quando entrevistei Ceca, ela me disse: "Eu era presidente, ele era assessor", e riu ao mencionar os dois cargos.

O Obilic nunca teve êxito em competições continentais. Arkan não ousava trancar em garagens jogadores do Bayern de Munique e de outros gigantes do futebol europeu. Logo o time começou a declinar também no plano doméstico. Depois da temporada em que foi campeão, os dirigentes dos outros clubes perceberam que entregar o campeonato a Arkan implicava um custo financeiro muito alto. Juntaram-se e desafiaram Arkan a matar todos eles. "Os times comunicaram-se entre si e disseram: 'Não podemos permitir que isso volte a acontecer'", disse-me o diretor de teatro e comentarista de futebol Gorcin Stojanovic. Com os clubes aliados contra ele, Arkan passou a empregar a intimidação com menos freqüência. O Obilic começou a cair para uma posição intermediária na tabela da liga.

No final das contas, o Obilic pode ter sido a ruína de Arkan. Há muitas teorias para explicar por que ele foi morto a tiros, em janeiro de 2000, no saguão do Hotel Intercontinental, onde gostava de tomar o café da manhã e usar a academia de ginástica. Uma delas afirma que Marko, filho de Milosevic, estava incomodado com o monopólio de Arkan sobre o mercado negro. Outra sustenta que a polícia secreta precisava eliminá-lo, pois ele sabia demais e podia ser seduzido com muita facilidade a testemunhar contra Milosevic em Haia. Ou talvez tenha sido simplesmente uma luta de gângsteres por causa de espaço. Há, contudo, uma outra explicação, que tem a minha preferência em razão de sua justiça poética: o Obilic pode ter sido a causa imediata da morte de Arkan. Os sócios se ressentiam do fato de ele ter se apropriado de uma parcela demasiadamente grande dos lucros obtidos com a venda de jogadores; achavam que não podiam continuar a fazer negócio com ele. Depois de ter usado o futebol para destruir vidas, agora o futebol destruiria a dele.

IV.

Sempre houve em Belgrado uma pequena oposição progressista a Milosevic. Seu momento finalmente chegou à época da morte de Arkan. As dificuldades tinham levado os sérvios a uma epifania: o que se conseguira com uma década de guerra, senão o isolamento internacional e uma inflação inacreditável? Para catapultar o movimento anti-Milosevic, a liderança progressista convocou dois grupos a fornecerem participantes para manifestações, a União dos Estudantes e o Delije do Estrela Vermelha. Desde o final dos anos 1980, Milosevic já se preocupava com a possibilidade de que a sincera adesão do Delije ao nacionalismo sérvio viesse a constituir um obstáculo a suas cínicas maquinações. Agora, o Delije levantava-se para isso.

Os torcedores do Estrela Vermelha gostam de afirmar que foram eles os agentes da mudança. Com efeito, os sujeitos à frente das barricadas e os que tomaram de assalto prédios do governo em busca de provas da corrupção de Milosevic usavam réplicas dos uniformes do Estrela Vermelha. Eles saíam dos jogos para enfrentar a polícia perto da casa de campo de Milosevic. Lá, aos gritos, membros do Delije como Krle e Draza exortavam políticos da oposição a "salvarem a Sérvia desse hospício". Nos jogos, cantavam: "Mate-se, Slobodan." Num certo momento, para evitar protestos, alega-se que o regime de Milosevic começou a comprar ingressos para jogos de equipes nacionais e distribuí-los a pessoas de aparência amistosa.

Os sérvios colocaram a deposição de Milosevic no ano 2000 – a Revolução do Estrela Vermelha, podemos chamá-la assim – no panteão das grandes revoltas anticomunistas. Eles a vêem como a conclusão da Revolução de Veludo, iniciada em 1989. Mas teria essa revolta mudado a nação, com um efeito transformador semelhante à ascensão de Havel ao castelo de Praga ou à eleição de Walesa para presidente? Para que uma revolta transformasse a nação, os sérvios não precisariam apenas derrubar a iconografia do ditador Milosevic, tal como os russos haviam posto abaixo as figuras de Lênin. Teriam de derrubar Arkan, o id malévolo do país, de seu lugar central na cultura.

Quando visitei Belgrado, a imagem de Arkan permanecia de pé. Dois anos depois da Revolução do Estrela Vermelha, e três anos após a morte de Arkan, ele ainda assombrava as ruas de Belgrado. Nas bancas de jornal, sua cara brilhava nas capas lustrosas dos tablóides mais vendidos e nas livrarias, nos fitava heroicamente de capas empoeiradas. Avisos afixados em postes anunciavam uma luta de *kickboxe* em homenagem à memória do comandante.

O Obilic constitui o maior monumento a esse homem. Seu estádio talvez seja o prédio mais meticulosamente moderno de Belgrado, com aço escovado, vidro e uma série de suntuosas suítes executivas. O antigo escritório de Arkan, situado no topo de uma torre adjacente, tem vista para o campo. Pelos padrões pós-comunistas, é uma sala impressionante. Os assoalhos são de mármore e cobertos de tapetes persas. No alto de uma estante de madeira, uma foto emoldurada mostra o tirano militar em seu traje de combate. A imponente escrivaninha, também de madeira, sustenta uma estátua de bronze de Arkan com as medalhas de campeão do Obilic penduradas no pescoço. Do outro lado, num canto, uma coleção de espadas e uma tela a óleo representando o camponês medieval homenageiam o guerreiro Obilic. Numa prateleira, à vista de todos, uma caixa anuncia seu conteúdo: uma mira a laser para pistola.

No antigo escritório de Arkan, concederam-me uma audiência com sua viúva, a *pop star* Ceca, a mulher com quem ele se casara com transmissão pela TV nacional. Ela entrou na sala fumando. Todos tinham me falado sobre o seu corpo, e agora eu entendia o que estavam dizendo. A blusa verde brilhante não conseguia conter os enormes seios siliconados. Essa ostentação não era incomum. Ceca ganhou fama internacional por ficar de pé nas laterais do campo durante os jogos do Obilic vestindo roupas apertadas com estamparia de leopardo. Sentou-se à minha frente num sofá de couro. Antes da entrevista, o tradutor me aconselhou a ir com cuidado. A família de Arkan, disse ele, ainda tinha acesso a seus seguidores. Eu não estava inclinado a forçar muito o jogo. Além do que, isso não me levaria a lugar algum. De suas experiências viajando pela Europa com o Obilic, Ceca aprendera a lidar com jornalistas ocidentais. Percebia a necessidade de quebrar a aura em torno dos crimes de guerra.

— É horrível estabelecer conexões entre política e esporte. Eu condeno qualquer tentativa de transformar o futebol em política – disse ela com um ar de honesta repugnância. — Isto é um negócio, um jogo. Nada mais.

Com sua maneira trivial, ficou fácil esquecer sua maldade. Mas ela tinha uma longa história de envolvimento com o extremismo político. Durante a guerra, apresentou-se em shows beneficentes em prol do partido ultranacionalista de Arkan. "Você pode ser tão feliz quanto eu – basta entrar para o Partido da União Sérvia", anunciava ela a seus muitos e fervorosos fãs. Segundo o site desse partido, ela continua a financiar uma campanha em defesa da nação sérvia contra a "praga branca" das "nacionalidades não-sérvias". Mesmo sem Arkan, o partido é dirigido de sua casa. No último verão, Ceca realizou no estádio do Estrela Vermelha um show dedicado a Arkan, no qual 100 mil pessoas lideradas por ela cantaram o nome do homenageado.

Mas com seu charme despretensioso e sua *dance music* de estilo *kitsch*, chamada "*turbo-folk*", ela conseguiu de maneira selvagem corresponder a ambas as partes da famosa frase de Hanna Arendt a respeito da banalidade do mal.

— Sou a mamãe do time – disse ela. — É o que eles pensam de mim. Quero que meus jogadores tenham a melhor aparência possível, por isso lhes dou Armani.

Ela descreve uma viagem próxima para assistir ao jogo dos NBA All Stars, em Atlanta, e fala dos prazeres de decorar o escritório de Arkan.

Sob sua presidência desde a morte de Arkan, o Obilic não tem tido muita sorte. O que é estranhamente coerente. O clube de fato só existia como um tributo àquele homem – e ao que ele representava. Depois da entrevista, Ceca me convidou a visitar o museu do clube. O principal executivo do Obilic, um jogador aposentado, conduziu-me pela sala. Mostrou-me medalhas e fotos. Mas o ponto alto da exposição era uma parede de fotografias que documentavam o reflorescimento do Obilic promovido por Arkan. Meu guia apontou com orgulho e disse:

— Nosso pai.

O primeiro-ministro sérvio Zoran Djindjic jogava futebol com freqüência. Em parte por puro entusiasmo pelo jogo, em parte porque gostava da imagem de vigor juvenil que essa atividade transmitia. Eleito em 2000, Djindjic apresentou-se ao país como um reformista que poderia reverter os danos causados pelo regime de Milosevic. Esse programa o colocava necessariamente em curso de colisão com o crime organizado, a burocracia e os serviços de segurança, com suas ligações mafiosas. Também lhe trouxe o desprezo da população sérvia, que odiava suas políticas antiinflacionárias e suas relações estreitas com os mesmos governos europeus e norte-americano que haviam bombardeado Belgrado. Com a balança política tão desfavorável, Djindjic precisava de toda a imagem *à la* Kennedy que pudesse conseguir.

No início de março de 2003, Djindjic participou de um jogo entre um time do governo e uma equipe de policiais. Chegou sem avisar. Surpresos, os policiais não sabiam como jogar contra um primeiro-ministro. Deveriam entregar o jogo ou empenhar-se ao máximo para depois poderem se gabar de terem derrotado o homem mais poderoso da Sérvia? Devem ter decidido que deveriam enfrentá-lo com tanto vigor quanto qualquer outro adversário. Na partida, o primeiro-ministro machucou o tendão-de-aquiles.

Nas semanas seguintes, teve de andar de muletas. Na hora do almoço do dia 12 de março, ele saiu do carro e começou a caminhar lentamente em direção a um prédio de escritórios do governo. Um homem disfarçado de empregado da manutenção disparou uma Heckler & Koch G3 contra o primeiro-ministro. Uma das balas arrancou-lhe o coração.

O choque provocado pelo assassinato de Djindjic levou a Sérvia a realizar parte do programa que ele havia traçado. Ultrajado e pesaroso, o público finalmente se pôs a favor de seus planos de eliminação do crime organizado. A polícia prendeu todos os gângsteres e seus parceiros viajantes que pôde. Cinco dias após o início desse expurgo, policiais foram à casa de Ceca, em frente ao estádio do Estrela Vermelha, e a detiveram. Tinham ido atrás dela porque Ceca havia estado várias vezes com possíveis cúmplices no assassinato de Djindjic, incluindo reuniões antes *e* depois do ato infame.

Ao chegarem, os policiais encontraram uma porta que dava para um *bunker* secreto atrás do palácio de Ceca. Levaram várias horas para derrubá-lo, mas quando conseguiram descobriram um enorme esconderijo, dezenas de armas, milhares de cartuchos de munição, silenciadores e miras a laser, iguais à que eu tinha visto na estante do escritório. A polícia trancafiou Ceca numa solitária e a deixou lá por três meses. Nesse ínterim, começaram a esquadrinhar suas finanças, especialmente no que se referia ao Obilic, e descobriram que mal chegava a haver um simulacro de legalidade nas operações. Depois de vender os jogadores, Ceca aparentemente depositava os lucros em suas contas pessoais em Chipre e na Hungria.

Na verdade, a Sérvia não tinha admitido de todo o seu problema. Ninguém questionava particularmente a ideologia do nacionalismo sérvio, a idéia de que os sérvios são superiores em caráter e moral a seus vizinhos de outras origens étnicas. Ninguém questionava a idéia dos sérvios como eternas vítimas. Na verdade, o assassinato de Djindjic foi apresentado como outro exemplo de como eles são maltratados pela história. E, evidentemente, os Ultra Bad Boys do Estrela Vermelha continuavam a honrar o nome. Mas, afinal, havia sinais sutis de desconforto com a cultura nacional do gangsterismo.

Ceca usou muitas artimanhas a fim de atrair o público para o seu lado, mas nada funcionou. Uma greve de fome terminou mal havia começado. Quando seus amigos convocaram uma manifestação no dia de seu 30º aniversário, só 1.500 devotos compareceram – pouquíssimos em comparação com os 100 mil que haviam assistido ao seu último show no estádio do Estrela Vermelha. Por fim, um tribunal declarou sua prisão inconstitucional, depois de ela ter passado quatro meses atrás das grades. Mas pelo menos uma vez, na Sérvia, o mal despiu o manto da banalidade e pôde ser identificado tal como é.

2 COMO O FUTEBOL EXPLICA a obscenidade das seitas

I.

A plenos pulmões, eles cantam em louvor de nossa matança. "Estamos até os joelhos de sangue feniano." São 44 mil, na maioria torcedores protestantes do Glasgow Rangers Football Club. Como esse é o Ibrox, o estádio de seu time, eles podem cantar o que quiserem. "Se você odeia a porra dos fenianos, bata palmas." Nós, os sete mil torcedores do Celtic Football Club, time tradicionalmente católico de Glasgow, estamos sentados num setor isolado do estádio, reservado para visitantes, atrás do gol. "Rendam-se ou morram." Embora câmaras de vigilância acompanhem cada movimento no estádio, é como se apenas uma fila de policiais de capas amarelas funcionasse como uma barricada para impedir que a turba doméstica concretize as letras de seus cânticos. "Com um rifle ou pistola na mão."

Fora do estádio, a 30 minutos do final da partida, uma multidão de torcedores do Rangers movimenta-se em direção ao portão dos visitantes. Quando policiais a cavalo fecham o caminho, eles estendem os braços à frente numa saudação fria e entoam o "Rule Britannia", o hino do império. Não é necessário explicar que acreditam que a Britannia deve dominar os católicos irlandeses, de origem celta. Em comparação com seus outros hinos e canções, isso mal chega a ofender. Espalhados pelas arquibancadas, os torcedores do Rangers usam camisas alaranjadas e portam bandeiras da mesma cor para comemorar a deposição da monarquia católica em 1688 por Guilherme de Orange, ou o "Rei Billy", como eles o chamam. Os herdeiros modernos do Rei Billy também recebem seus tributos. Louvores à Força Voluntária do Ulster e à Associação de Defesa do Ulster, organizações protestantes paramilitares da Irlanda do Norte, foram impressos em faixas e transformados em hinos. Quando os Rangers cantam "Alô, alô, somos os Billy Boys", estão se associando a uma gangue que agredia os católicos de Glasgow no período do entreguerras. Na década de 1920, os Billy Boys fundaram uma filial da Ku Klux Klan.

As partidas entre os oponentes da mesma cidade constituem as datas mais inflamáveis do calendário. Essa rivalidade gera histórias de horror relacionadas ao futebol: empregos negados por causa da fidelidade ao adversário; torcedores assassinados por usarem o uniforme errado no bairro errado. Mas a competição entre o Celtic e o Rangers representa algo mais que uma inimizade entre vizinhos: trata-se de uma luta pendente em torno da Reforma Protestante.

Algumas conseqüências do clássico Celtic x Rangers podem ser medidas. Segundo um grupo de ativistas que monitora o sectarismo em Glasgow, durante esses finais de semana a procura pelos centros de emergência médica é nove vezes maior que o normal. Nos últimos sete anos, esse jogo produziu em Glasgow um total de oito mortes diretamente relacionadas a ele. Nas duas horas e meia que se seguiram a uma partida realizada em maio de 1999, a polícia registrou em seu livro de ocorrências os seguintes crimes cometidos por torcedores do Rangers em seus excessos:

> Karl McGraorty, 20 anos, atingido no peito por uma flecha quando saía de um *pub* do Celtic.
> Liam Sweeney, 25 anos, espancado por quatro agressores num restaurante chinês.
> Thomas McFadden, 16 anos, apunhalado no peito, estômago e virilha – assassinado depois de assistir ao jogo num *pub* irlandês.

No estádio, a intensidade pode ser avaliada sem que se precise de números. Do outro lado da fila de policiais, um adolescente ruivo cheio de espinhas e usando roupa alaranjada agita furiosamente uma bandeira britânica do tamanho de um cartaz. O fel flui de sua boca. Quando ele grita "Até os joelhos de sangue feniano", tenho certeza de que é exatamente isso que deseja. Bem do seu lado, um homem que deve ser seu pai canta junto com ele.

Tudo isso em Glasgow, a cidade em que cresceram Adam Smith, Francis Hutcheson e a tendência setentrional radical do Iluminismo. Há pouco mais de cem anos, Charles Rennie Macintosh dotou o centro de Glasgow de uma arquitetura profana singularmente moderna. Mesmo com os deslizes econômicos pós-industriais, Glasgow não se tornou reacionária. Sua constituição política fazia com que se alinhasse com os yuppies progressistas ingleses na coalizão trabalhista. Na rua Buchanan, com o burburinho do comércio, os inevitáveis Starbucks, os prósperos comerciantes imigrantes e a irresistível sala de concertos modernista à frente, é possível acreditar que se está numa interseção urbana onde, como imaginou o teórico político Frances Fukuyama, se chega ao fim da história.

Segundo a maioria das escolas de ciências sociais, lugares como Glasgow deveriam ter superado o antigo tribalismo. Era o que dizia a teoria da modernização, herdada de Marx, refinada nos anos 1960 por acadêmicos como Daniel Bell, cultuada pela política externa do governo norte-americano e reapresentada, sob nova roupagem, pelos entusiastas da globalização da década de 1990. Ela afirmava que, uma vez que uma sociedade tenha se tornado economicamente avançada, também deverá tornar-se avançada do ponto de vista político – liberal, tolerante, democrática. É claro que vestígios do racismo continuariam a existir nas classes trabalhadoras, e poderia ser difícil transcender a pobreza, mas é para isso que existem as redes de segurança social. Quando os teóricos da globalização dos anos 1990 postularam essa tese, acrescentaram que as empresas deveriam desempenhar um papel nesse triunfo da tolerância. Todos seriam assimilados a uma cultura do entretenimento de massa de caráter homogeneizante, em que comédias de TV e romances cinematográficos juntariam diferentes raças numa nova união de referências populares comuns.

E para atingir o prêmio maior do alcance global, as empresas exalariam o multiculturalismo – "The United Colors of..."

Com efeito, Celtic e Rangers são organizações que pretendem converter-se em entidades capitalistas internacionais e conglomerados do entretenimento. Percebem que precisam tornar-se algo mais que adversários numa guerra religiosa que já dura séculos. Graeme Souness, administrador do Rangers no final dos anos 1980 e princípio dos 1990, explicou que seu clube enfrentava uma opção entre "sucesso e sectarismo". À época, ele acreditava que sua organização havia escolhido o primeiro. Tal como a direção do Celtic, a do Rangers tinha feito o possível para ultrapassar o relativamente pequeno mercado escocês – enviando catálogos de roupas para as diásporas escocesa e irlandesa nos Estados Unidos e fazendo campanha para passar da Liga Principal Escocesa para a Liga Inglesa, maior e mais rica.

Ao final do jogo, no campo, essas aspirações capitalistas ficam bem evidentes. Quando os protestantes comemoram um gol, são encorajados pelo capitão do time, um italiano de cabelos compridos chamado Lorenzo Amoruso, que parece um modelo masculino dos anos 1980. Agitando os braços, ele os exorta a cantar mais alto suas canções anticatólicas. A ironia é óbvia: Amoruso é católico. Por sinal, a maioria dos jogadores do Rangers também é. Desde o final da década de 1990, o Rangers rotineiramente põe em campo um número de católicos quase igual ao do Celtic. Seus jogadores vêm da Geórgia, da Argentina, da Alemanha, da Suécia, de Portugal e da Holanda, já que são os melhores que o dinheiro pode comprar. Ganhar campeonatos vale mais que manter a pureza religiosa.

Apesar de todos os objetivos capitalistas, o Rangers não faz muita força para desencorajar a intolerância religiosa. Seus torcedores continuam a usar uniformes de cor laranja. Pelo alto-falante do Ibrox, transmitem músicas que sabem que irão provocar letras anticatólicas: "Simply the best", de Tina Turner, termina com 40 mil pessoas gritando "Foda-se o papa!". Os clubes armazenam o ódio étnico, ou fazem apenas tentativas periódicas de desencorajá-lo, porque sabem que isso faz pleno sentido do ponto de vista comercial. Mesmo no mercado global, eles atraem torcedores que anseiam pela identificação étnica – e por participar de uma luta existencial em defesa de sua tribo. Se perdessem a fraseologia extremista, estariam perdendo dinheiro. De fato, desde o início de sua rivalidade, Celtic e Rangers foram cognominados a "Velha Firma", pois são vistos como tendo feito um conluio para lucrarem com o ódio recíproco.

Evidentemente, a tese da modernização fornece uma profusão de explicações para os ódios mesquinhos – competição por empregos escassos, sistema de seguridade social inadequado –, mas nenhuma dessas condições apresenta grande concentração em Glasgow. A discriminação diminuiu. O problema do desemprego não é maior nem menor que no resto da Inglaterra. A cidade manteve vivo o tribalismo futebolístico, a despeito da lógica da história, porque ele lhe proporciona um prazer obsceno.

II.

Na noite anterior ao jogo da Velha Firma, estou tomando uns drinques no *pub* Grapes, um dos epicentros da torcida do Rangers, localizado na margem sul do rio Clyde. Cartões-postais com fotos da rainha Elizabeth foram dispostos em fila e pairam no bar. Bandeiras britânicas cobrem a maior parte da superfície da parede que não foi ocupada por fotos emolduradas de jogadores do Rangers. A parte de fora foi adequadamente pintada no azul que simboliza a realeza. Estranhos que entram no *pub* são encarados como possíveis torcedores do Celtic infiltrados. Para facilitar minha assimilação, um amigo chama um freqüentador que testemunha a meu favor perante a clientela. Minha apresentação não ajuda muito junto a alguns dos bêbados. Eles riem quando me apresento como Frank.

— Não é o diminutivo de Francis? – pergunta um deles. — Você não é um Tim*, é?

*Apelido dos torcedores do Celtic. (N.T.)

E ninguém está especialmente interessado em conversar com um jornalista que, tenho certeza, eles suspeitam que vá ridicularizá-los em função das crenças que sustentam de modo tão arraigado. Depois de alguns instantes, eu desisto e me sento no bar, observando um bêbado tentando passar cantadas canhestras nas duas únicas mulheres presentes. É quando um homem chamado Dummy [Pateta] me abraça e lança um bafo de uísque no meu ouvido.

— Em 1979 – diz ele –, passei 16 horas sendo sacaneado num bar nos arredores de Buffalo.

Dummy se apresenta como James, mas avisa que prefere ser chamado pelo apelido. Transmite atrevimento, diz ele, e o atrevimento é uma das principais características dos gângsteres do cinema. Desde o início, Dummy se esforça ao máximo para estabelecer seus antecedentes de homem durão. Mostra-me duas cicatrizes recentes, produzidas por faca, de brigas no *pub* por causa de dinheiro que lhe deviam – "apenas nos últimos seis meses", afirma. Mas essas brigas foram atavísticas. A carreira de Dummy como durão é coisa do passado. Agora tem mais de 40 anos, rosto enrugado, mulher, filhos adolescentes e um negócio legítimo. Com efeito, diz que está ficando rico com sua firma, que coloca andaimes em canteiros de obras.

Dummy é originário da costa oeste da Escócia, mas mora numa cidade industrial inglesa que fica a muitas horas de carro de Glasgow. O pai mudou-se com a família para o sul seguindo a migração da indústria na década de 1960. Levou consigo o intenso orgulho escocês e o amor pelo Rangers. Embora não tenha conseguido doutrinar os irmãos de Dummy, este mordeu profundamente a isca. Pensa em morar em Glasgow um dia, quando se aposentar.

— Está certo que não é nenhuma Flórida – diz ele, empurrando a barriga contra o balcão, tentando atrair a atenção do *barman*. — Este é o melhor lugar do planeta. A água tem um gosto melhor. As pessoas não são inglesas. São da melhor qualidade aqui.

Dummy assume a missão de me converter à causa do Rangers.

— Não há como você, um homem inteligente, especialmente um norte-americano inteligente, sair deste jogo sem amar o Glasgow Rangers. Os torcedores do Celtic são terroristas. Ouça todas aquelas canções sobre o IRA. Depois do 11 de setembro, como é que podem fazer isso?

Como ele me pagou dois copos do uísque barato fabricado pela casa, seus argumentos fazem algum sentido. Mas Dummy vende seu peixe principalmente pela maneira como veicula sua mensagem, e não pela essência desta; sua paixão pelo time é avassaladora. Ele aponta para seu calção do Rangers.

— Eu adoro o Rangers Football Club. Se tivesse de escolher entre meu trabalho e o Rangers, escolheria o Rangers. Se tivesse de escolher entre minha mulher e o Rangers, escolheria o Rangers.

De fato, cerca de 16 fins de semana por ano ele escolhe o Rangers, em detrimento de sua mulher, juntando-se aos amigos, bebendo dois grandes copos de uísque no caminho, ouvindo músicas sectárias no carro e fazendo o longo percurso rumo ao norte.

Entre os torcedores de futebol, há um *continuum* de hooliganismo. Num dos extremos estão os bandidos autênticos, por exemplo os torcedores de clubes ingleses como o Millwall e o Cardiff City. Embora todos professem o amor ao clube, espancar pessoas de forma cruel (incluindo colegas de torcida) é o seu *hobby*. Bandidos desse tipo, contudo, são poucos e isolados, e muitos foram proibidos de assistir a partidas de futebol em cidades maiores, como Glasgow, Manchester e Londres. Em seguida, alguns passos mais perto da sanidade mental, vem um amplo *Lumpenproletariat*. Enquanto os bandidos freqüentemente se organizam em "firmas" de saqueadores, o *Lumpenproletariat* pertence à parte benigna da torcida do clube, encontrando-se para tomar cerveja e viajando juntos para os jogos em ônibus fretados. Não são homens inerentemente violentos. Têm bons empregos e boas famílias. Mas, como a maioria dos britânicos, quando consomem muita cerveja podem ficar um pouco agressivos. Nos fins de semana, podem ser vistos xingando um motorista de táxi pertencente à torcida rival ou entrando numa confusão em frente ao bar do Celtic no final do quarteirão.

Há uma tendência a caricaturar os sentimentos de torcedores como Dummy. Freqüentemente esses homens são descritos como fantoches de políticos manipuladores, levados ao ódio por ignorância, ressentimento econômico ou apenas um profundo senso de inferioridade. Mas é difícil detectar qualquer uma dessas características num torcedor do Rangers. Na verdade, eles estão longe de parecerem ignorantes, e possuem um notável conhecimento histórico. Ao descrever seu amor pelo Rangers, Dummy fornece uma história convincente do protestantismo escocês:

— Em 1646, em Portadown...

De cabeça, apesar de bêbado, ele desfia dezenas de datas importantes.

A história do Celtic e do Rangers remonta ao século XVI. A Reforma Protestante fincou suas garras na Escócia com maior ferocidade do que em qualquer outro lugar da Europa. Quando os discípulos de John Knox se espalharam para o norte, a partir de sua base em Glasgow e Edimburgo, esmagaram violentamente as cidadelas católicas, em alguns casos recorrendo à limpeza étnica. Sua teocracia executava estudantes de Edimburgo por duvidarem casualmente da existência do Senhor – e extirpou da sociedade a maioria dos vestígios do papismo. Ao final do século XVIII, Glasgow tinha 39 sociedades católicas e 43 anticatólicas.

Trezentos anos depois da Reforma, contudo, os católicos começaram a reaparecer de forma majoritária. Com a Grande Fome da Batata tornando insustentável a vida na área do mar da Irlanda, milhares de imigrantes fugiram para Glasgow em busca de alívio. Estavam entre os emigrados mais pobres e menos instruídos – os que não puderam comprar passagens para Boston e Nova York. Confusos com o novo lar e excluídos do resto da sociedade, não tiveram muita escolha senão fechar-se em si mesmos. Desenvolveu-se uma estrutura de *apartheid* virtual. Os católicos de Glasgow freqüentavam escolas distintas. Excluídos das empresas profissionais protestantes, abriram as suas. E em 1888 um irmão marista chamado padre Walfrid fundou o clube de futebol da comunidade, o Celtic.

Walfrid criou o time por medo. No final do século XIX, os católicos tinham boas razões para se preocuparem com a influência dos missionários protestantes, cuja riqueza e dispensários de comida permitiam-lhes pregar em redutos católicos. O tempo de lazer dos jovens católicos precisava ser preenchido por instituições católicas, senão os protestantes entrariam no vácuo. Um time de futebol vencedor, esperava Walfrid, poderia derrubar o mito da inferioridade dos católicos. Com efeito, o Celtic teve um sucesso enorme. Por jogar buscando provar alguma coisa, o time logo ganhou quatro de seis campeonatos da liga.

A Escócia protestante não aceitou passivamente o sucesso do Celtic. A imprensa esportiva bradava por uma equipe "escocesa" para recuperar o título. O Rangers começou sua trajetória sem nenhuma aspiração religiosa ou política em particular. Mas, quando acumulou vitórias contra o Celtic, a Escócia protestante lhe impôs tais aspirações e gradualmente adotou o clube.

A Velha Firma não começou como algo especialmente violento, mas rapidamente se transformou nisso. Durante as duas primeiras décadas do século XX, o ódio étnico em Glasgow esquentou. O Estaleiro Harland and Wolf, uma empresa protestante, mudou-se de Belfast, trazendo consigo milhares de trabalhadores protestantes e seu *know-how* de desprezo aos católicos. O novo estaleiro, porém, não conseguiu compensar as desgraças sofridas pela indústria naval de Glasgow. Na década de 1920, com a ascensão dessa indústria nos Estados Unidos e na Alemanha, a Escócia sofreu a Grande Depressão dez anos antes de qualquer outro lugar. Com a intensa competição por um número limitado de empregos, a inevitável busca de bodes expiatórios religiosos também entrou em cena, e a Igreja da Escócia começou a resmungar sobre a ameaça irlandesa. Foi aí que a Velha Firma se tornou venenosa. A gangue de bandidos do Rangers chamada Billy Boys, juntamente com suas equivalentes McGrory Boys e McGlynn Push, do lado do Celtic, enfrentavam-se com armas de fogo, facas e nenhum limite.

A imprensa gosta de descrever o Celtic e o Rangers como moralmente iguais. E é verdade que o Celtic tem usado seu estádio para a celebração de missas ao ar livre, que parte de seus administradores apoiava com devoção a causa republicana e que durante os anos 1990 sua diretoria foi composta exclusivamente de católicos. Havia, contudo, uma diferença substancial entre as práticas dos dois clubes. O Celtic antecipou-se, calculadamente, ao colocar católicos usando seus uniformes nas cores verde e branco; o Rangers não fez nada parecido. Às vésperas da Primeira Guerra Mundial, o Rangers instituiu uma política de "só para protestantes", extensiva dos atletas aos zeladores. E ela se tornou ainda mais rigorosa: o clube negava promoções a executivos que *se casassem* com católicas. O Rangers permitiu que o transformassem no palco de uma gritante política protestante. Enviava equipes a Belfast para participarem de jogos beneficentes, mandando os fundos obtidos para as sedes locais da Ordem de Orange, na Irlanda do Norte – fraternidade anticatólica que parece existir por uma única razão: marchar ameaçadoramente pelos bairros católicos no dia 12 de julho, aniversário do triunfo do Rei Billy, em 1690, na Batalha de Boyne. O estádio de Ibrox tornou-se o foco da cidade de Glasgow nas comemorações dessa data. Uma das histórias oficiais do clube descreve seu *ethos* de modo curto e grosso: "um clube protestante para pessoas protestantes".

Considerando-se a história do pós-guerra – descolonização, direitos civis, tendência global em direção à liberalização –, o Rangers teimou nesse programa por tempo demais. Talvez tenha sido apropriado o fato de o clube pôr abaixo o seu muro religioso em 1989, o ano da Revolução de Veludo. Seu novo presidente, David Murray, estimulado por seu gerente Graeme Souness, contratou um ex-jogador do Celtic, católico, de nome Maurice Johnston. (Na verdade, o pai de Johnston era um protestante que torcia pelo Rangers, e ele próprio nunca foi um católico praticante.) Mesmo então, a decisão do Rangers não foi tomada por "bom-mocismo"; foi apenas comercial. Durante a década de 1980, seduzida pelas crescentes rendas proporcionadas pela televisão, uma nova geração de capitalistas entrou no jogo com o objetivo de ganhar um bom dinheiro – uma turma bem mais sofisticada que os trapaceiros amadores e a burguesia de pretensões filantrópicas que predominava anteriormente. David Murray, por exemplo, fizera fortuna como magnata do aço. Embora seja difícil afirmar que defendesse uma política progressista, ele percebia que o sectarismo se tornara um obstáculo financeiro em potencial. A Federação Européia de Futebol, temia ele, iria impor custosas sanções ao Rangers se o clube não alterasse sua política de contratações. Ele também percebeu que basear-se exclusivamente em protestantes tinha privado o clube do talento para competir nos níveis mais elevados do futebol europeu, em que grandes equipes como o Milan e o Real Madrid importavam jogadores latino-americanos católicos fervorosos.

De modo bem previsível, a aquisição de jogadores católicos não foi aceita com facilidade pelos fiéis. Torcedores reuniram-se fora do Ibrox para queimar bandeiras e ingressos para temporada. Organizaram velórios para chorar a morte da identidade protestante do clube. Na Irlanda do Norte, associações de torcedores aprovaram resoluções proibindo as viagens para jogos em Glasgow e boicotando a compra de produtos com a marca do Rangers. Efígies de Graeme Souness foram queimadas nas ruas de Belfast.

Ao se tornar um Jackie Robinson* do futebol escocês, Johnston colocou em perigo a própria vida. Torcedores do Celtic promoveram protestos, denunciando-o como um vira-casaca. Espalharam grafites ameaçando: "Colaboradores não podem jogar sem joelheiras." Por um momento, parecia que os autores dessa frase – ou seus simpatizantes – poderiam concretizar a ameaça. Um mês após a chegada de Johnston, a polícia deteve torcedores do Celtic que haviam supostamente organizado um complô para assassinar o jogador. Para manter a nova aquisição em ação, o Rangers o enviava toda noite de Glasgow para Londres num jato fre-

---

*Em 1947, Jackie Robinson (1919-72) tornou-se o primeiro jogador negro a integrar a liga principal do beisebol norte-americano desde o século XIX. (N.T.)

tado. Johnston mais tarde mudou-se para uma residência segura nos arredores de Edimburgo. Em meados da década de 1990, ele abandonou de vez a Escócia, estabelecendo-se no território mais amistoso de Kansas City.

A presença de Jackie Robinson transformou a cultura do beisebol, quebrando lentamente o racismo dos clubes. Maurice Johnston, estranhamente, produziu o efeito oposto. O time começou a viajar com um retrato da rainha, que era pendurado nos vestiários utilizados. Os jogadores começaram a aparecer fotografados, na Irlanda do Norte, na companhia de paramilitares. Atletas protestantes escoceses teriam defecado por todo o vestiário do Celtic alugado pelo Rangers para uma partida. O próprio Mo Johnston foi visto cantando o "Sash", uma balada com conotações anticatólicas. E o crescente contingente de católicos torcedores do Rangers seguiu esse exemplo, cantando canções que insultavam sua fé.

Como explicar essa estranha inversão? Glasgow não é uma cidade enorme. Pessoas comuns geralmente se encontram com seus ídolos do futebol. Correm para eles nos *pubs* e nas ruas. Se os atletas não se mostram adequadamente entusiastas em relação a sua causa, suas vidas podem ficar muito difíceis. Já são obrigados a enfrentar metade da cidade, que os odeia; não precisam ter seus próprios torcedores contra si. Isso cria um circuito de retroalimentação que garante a persistência do sectarismo. Quando Graeme Souness deixou o clube, em 1991, declarou numa coletiva de imprensa: "A intolerância nunca caiu bem sobre meus ombros, e ela sempre estará presente no Ibrox." Com Dummy sussurrando em meu ouvido "Jamais contratarei um torcedor do Celtic", penso que sei o que ele quis dizer.

III.

No dia seguinte, quando eu estava saindo do hotel para o estádio, os funcionários tentaram me aconselhar. A maioria nunca foi a um Celtic x Rangers, apesar da importância do evento para a vida da cidade. Ainda assim, sentiam uma espécie de orgulho cívico, o tempo todo garantindo minha segurança no Ibrox. Na saída, uma recepcionista levantou-se da cadeira.

— O senhor vai viver momentos fantásticos – disse ela, interrompendo-me subitamente. — Espere. Abra o casaco.

Alguns dias antes, eu tinha lhe contado que sofro de um leve daltonismo que me faz confundir o vermelho e o verde. Então, ela queria conferir minhas roupas para assegurar que eu havia eliminado todo o azul real, o laranja do Ulster e o verde irlandês que poderiam incitar um delinqüente bêbado. Todo glasgowniano sensato me havia avisado para alardear minha neutralidade do modo mais claro possível. Um amigo me aconselhou a "ir de preto". Antes da intervenção da recepcionista, eu já colocara de lado os suéteres cujos tons não queria arriscar. A recepcionista riu de si mesma por realizar esse exame.

— O senhor ficará bem. Só não se esqueça de que, não importa o que ouça, não é isso que eles realmente querem dizer.

Tudo que eu faço durante o jogo para assinalar minha condição de não-combatente parece fracassar. Embora eu me apresente como um jornalista norte-americano em missão de pesquisa, meus vizinhos na arquibancada do Celtic insistem no partidarismo. Frank, um colocador de telhas sentado ao meu lado, tenta explicar a atmosfera apontando para o gramado e entoando:

— O bem contra o mal.

Outro vizinho enrola em meu pescoço uma faixa com as palavras "Lutador irlandês". Ele ergue meus braços no ar sobre minha cabeça, um gesto de reverência, enquanto estão cantando a balada "You'll never walk alone", de Rodgers e Hammerstein.

Depois de o Celtic marcar um gol com apenas 20 segundos de jogo, o abraço de um estranho me ergue do assento. O celular cai do meu bolso duas fileiras abaixo. Nosso setor vira-se para os torcedores do Rangers e canta as façanhas do IRA. Não sei as letras, e nem sempre entendo o sotaque para poder decifrá-las, mas algumas frases são fáceis de entender. *Foda-se a rainha. Canalhas laranjas.* Frank fica traduzindo para mim, até explicar que essa grosseria o envergonha.

Estimulados por seus torcedores e atuando em casa, os jogadores do Rangers transpiram o obstinado calvinismo que eles imaginam representar. Atacam com vigor e não se esquecem de nenhum detalhe na defesa. Seu meio-campo se infiltra no do Celtic, e o esforço produz uma série de três gols sem revide. Quando os protestantes cantam "merda de bastardos fenianos", não temos outra resposta senão estender os dedos médios e usá-los como batutas para ironicamente reger os seus insultos.

O Rangers ganha o jogo por 3 x 2, e só há uma explicação para o resultado: a indolente e relaxada defesa do Celtic. Esse fato não interfere nas justificativas para a derrota que consigo entreouvir:

— Dê um apito a cada homem-laranja...

Outro homem se refere ao trio de arbitragem como os "maçons de preto". Sem dúvida, reclamar da atuação dos juízes é um direito fundamental dos torcedores. Por que culpar o time que você ama quando a responsabilidade pela derrota pode ser facilmente deslocada para outro lugar?

Os torcedores do Celtic são um caso especial. Não apenas acreditam que os árbitros tentam prejudicá-los como crêem já ter provado definitivamente esse fenômeno. A acusação contra os "maçons de preto" chegou às páginas de opinião dos grandes jornais e às do periódico da arquidiocese de Glasgow, e também aparece, de modo mais elaborado, num estudo do padre jesuíta Peter Burns. Com base em décadas de reportagens esportivas do *Glasgow Herald*, padre Burns descobriu que os juízes haviam anulado 16 gols do Celtic, mas apenas quatro do Rangers. O Celtic tivera a seu favor dois "pênaltis duvidosos", contra oito do Rangers. "Parece razoável concluir", escreveu ele, adotando o tom neutro de um acadêmico, "que as acusações, freqüentemente apresentadas e freqüentemente negadas, de favorecimento do Rangers por funcionários responsáveis pela condução das partidas, pelo menos nas da Velha Firma, de fato se sustentam diante de um exame minucioso." Quando torcedores do Celtic apresentam seus argumentos, invariavelmente apontam uma série de incidentes. Em primeiro lugar, um trecho das memórias de um jogador do Rangers relembrando um árbitro aposentado que se gabou de ter garantido vitórias para o seu clube marcando faltas inexistentes. Depois, relatam que um jogador foi expulso de campo em 1996 por fazer o sinal da cruz depois de pisar no gramado – o árbitro considerou esse gesto uma provocação.

Na grande imprensa, há uma expressão que descreve essas queixas: paranóia dos torcedores do Celtic. A noção que prevalece é de que os católicos imaginaram os crimes cometidos contra eles, se apegaram em demasia à idéia de sofrimento. Isso nos evoca a prática de culpar a vítima. No entanto, quanto mais examinamos as evidências, mais essa tese se torna plausível. Os torcedores do Celtic têm uma predileção por escavar a história antiga e combiná-la com fatos recentes. O estudo do padre Burns, por exemplo, baseia-se em *clippings* de jornais dos anos 1960 para sustentar as acusações contra os juízes escoceses.

De certa maneira, essa confusão de passado e presente capta com perfeição a condição dos católicos escoceses. Sem dúvida, eles continuam a sofrer preconceito nos dias de hoje. Mas quando se pede que dêem exemplos das feridas infligidas pelos protestantes de seu país, eles retroagem a histórias que herdaram de seus pais e avós. Na verdade, trata-se de relatos freqüentemente arrasadores: católicos discriminados no emprego, expulsos de universidades e impedidos de se apaixonar por mulheres protestantes. O oeste da Escócia foi um lugar em que, nas palavras do romancista Andrew O'Hagan, "os pássaros sobre as árvores cantam canções sectárias".

Mas as memórias do passado são tão facilmente acessíveis que ofuscam as percepções do presente. Quando os analistas sugerem a criação de um novo sistema educacional secular que aboliria o custeio de instituições paroquiais, alguns católicos farejam nisso a ressurreição de John Knox. "Precisamos tentar ser invisíveis, ou sofrer as inevitáveis conseqüências discriminatórias", foi a resposta enfurecida do crítico literário Patrick Reilly. Eles se queixaram em tom vociferante quando o recém-criado Parlamento escocês assumiu como sede a antiga Casa de Reuniões da Igreja da Escócia. Não importa que a Igreja da Escócia, tal como o restante da corrente principal do protestantismo, tenha se tornado um bastião do liberalismo fervoroso, torturada pela culpa de seu passado anticatólico. E não importa que o Parlamento só tenha ocupado esse prédio como acomodação provisória.

Embora a discriminação não possa existir às claras, o preconceito pode. Sentados no Ibrox, ouvindo os xingamentos dos torcedores do Rangers, os católicos sabem com certeza que alguns desses fanáticos são membros do Parlamento escocês e críticos das escolas católicas. É difícil não ficar desconfiado.

IV.

De jeans e suéter de malha cinza manchado de cerveja Guinness, Dummy parece inegavelmente um torcedor de futebol. Donald Findlay não. Está usando um conjunto de três peças com calça listrada e paletó azul-marinho de tecido luxuoso da Saville Row. Da corrente de um relógio de bolso de ouro que atravessa o colete pendem a miniatura de uma coroa e mementos da família. A barba ao estilo Gilbert-and-Sullivan cobre as bochechas e se interrompe no queixo. No Ibrox, referem-se a ele afetuosamente como Muttonchops, Costeletas de Carneiro. Em sua carreira como um dos maiores advogados da Escócia, Findlay desenvolveu uma *persona* melodramática para combinar com seus trajes floreados. Ele caiu na infâmia por libertar alguns de seus clientes mais difíceis, incluindo *hooligans* dos dois lados da Velha Firma. Sua oratória brilhante levava os jurados às lágrimas.

Depois do jogo, encontro-me com Findlay num bar de hotel. Apesar de uma carreira jurídica repleta de êxitos em casos de repercussão, ele sempre será mais conhecido pelo período em que foi o extravagante vice-presidente do Rangers. Nos jogos realizados no Celtic Park, ele se sentava na cabine reservada à administração da equipe visitante. Mostrava sem constrangimento seu desdém pelo ambiente, tirando os sapatos sociais de bico fino e colocando-os sobre o assoalho encerado da cabine. Acossado por uma torrente de ofensas, tirava longas baforadas do charuto, parecendo totalmente indiferente. Quando seu Rangers fazia um gol,

Findlay gostava de comemorar do modo mais espalhafatoso e alegre possível, o único homem de pé e aplaudindo em meio a um oceano de desalento. Nas entrevistas, ia um passo além, repetindo uma velha piada sobre não comemorar seu aniversário por ele cair no dia de São Patrício. Em vez disso, dizia que o comemorava no dia 12 de julho, aniversário do triunfo do Rei Billy. Em sua sala de estar, ele encenava as marchas de Orange.

Numa noite de maio de 1999, sua carreira no Rangers terminou abruptamente. Findlay cantava "Estamos até os joelhos de sangue feniano" na máquina de karaokê, o braço de bêbado sobre o ombro de um jogador. Ele tinha se reunido com o resto do clube para celebrar uma vitória sobre o Celtic. Em sua alegria, repetira letras de música que os torcedores do Rangers entoam toda semana, que luminares da sociedade cantavam há gerações. A maioria deles, contudo, nunca fora objeto de uma gravação em vídeo que seria entregue ao *Daily Record*. Na mesma noite de primavera em que Findlay ergueu a caneca de vidro e amaldiçoou os papistas, os impulsos mais sombrios da torcida do Rangers foram culpados por atos igualmente sombrios. Torcedores do clube foram responsáveis por facadas, tiros e espancamentos que vitimaram três jovens fãs do Celtic. Mataram um e deixaram outro em condições críticas.

Se esses eventos não tivessem coincidido, Findlay talvez pudesse ter se defendido via imprensa. Mas o ambiente não comportava desculpas. Na manhã em que a reportagem sobre Findlay saiu no jornal, ele se demitiu da diretoria do Rangers. Nos meses seguintes, como escoceses eminentes se juntassem para condená-lo, ele se abasteceu de pílulas e flertou com o suicídio. A Universidade St. Andrews, onde acabara de exercer o mandato de seis anos como reitor, cancelou os planos de outorgar-lhe um diploma honorário. A Ordem dos Advogados Escoceses, que controla os profissionais dessa área em âmbito nacional, aplicou-lhe multa de 3.500 libras.

Findlay tinha se tornado a pedra de toque de um debate nacional. Dando a tônica no Festival de Edimburgo, o grande compositor escocês James MacMillan declarou: "Donald Findlay não é o único exemplar de sua espécie. Acreditar nisso é enganar-se, pois nossa [sociedade está] repleta de pessoas como ele." MacMillan afirmou que a Escócia sofria de um tipo de "intolerância sonambúlica". Articulistas declararam Findlay uma vergonha nacional. Mas ele também teve seus defensores. Até alguns diretores do Celtic testemunharam em favor do seu bom coração. Com efeito, o debate sobre Donald Findlay levantou uma questão essencial para a Velha Firma: quando falavam de assassinato e terrorismo, era só brincadeira ou a expressão de consciências corrompidas?

Quase três anos depois da gravação dessa fita, Findlay continua sendo um dos cinco advogados mais ricos da Escócia. Conseguiu reabilitar-se a ponto de se tornar uma figura intelectual de aparição bastante regular nos jornais e na TV. O partido Tory da Escócia realmente não tem um porta-voz mais proeminente. Mas Findlay não consegue deixar o episódio para trás. Ele o assombra e o obceca. Quando por fim concordou em me conceder a entrevista, eu imaginei formas inteligentes de conduzi-lo para o tema da fita. Ele logo as tornou supérfluas.

— Sobre as fitas: eu devia ter armado uma briga. Tentaria desafiá-los a apresentar um ser humano que tivesse sido prejudicado por mim em função de religião, cor ou qualquer outra coisa. – Enfrentando as elites politicamente corretas, ele teria provado que as cantigas são tradições essencialmente inofensivas. — Trata-se de entrar na cabeça do adversário. É um jogo, está no contexto do futebol. Você quer ficar até os joelhos de sangue feniano? Não seja ridículo.

Como muitos dos mais ardorosos torcedores do Rangers, ele não cresceu em Glasgow. Veio do leste da Escócia, de uma cidadezinha chamada Cowdenbeath, nascido numa dedicada família tory da classe operária. E, tal como a maioria da torcida do Rangers, ele não acredita no protestantismo que seu time representa.

— Não tenho crenças religiosas. Pode acreditar. Tentei muito, mas isso não se ensina.

O que ele de fato herdou foi uma crença na monarquia e na união britânica que sobrepujava a afeição dos católicos escoceses pela Irlanda como terra-mãe. Jocosamente, penso eu, ele anuncia seu teste preferido para a cidadania britânica: se uma tropa com as cores da rainha "não faz seus olhos se encherem de lágrimas, então foda-se!".

É fácil estabelecer uma ligação entre a predileção por um time de futebol e a religiosidade. No entanto, de uma forma importante, o Rangers realmente substituiu a Igreja da Escócia. Ele permite que homens como Findlay se liguem à tradição e às instituições de seus antepassados, que mitiguem o medo de abandonar a história sem terem de abraçar a escatologia de seus predecessores.

Findlay espalhou-se por nossa cabine, as calças arregaçadas acima dos tornozelos. Ele saboreia suas cigarrilhas. Desde o momento em que fomos apresentados, exibe-se como um provocador. No meio da conversa, ele aproveita:

— O único impedimento absoluto é que você não deve jamais prejudicar um homem por causa de sua religião. Se eu quiser contratar um negro, uma lésbica, um católico, ótimo. Mas não se permite que você diga que não gosta da religião católica, que ela envolve a adoração de ídolos?

O argumento é retoricamente estruturado, como uma hipótese de um professor de direito. Com seu tom acadêmico, minha expectativa é de que ele pare de difamar a fé católica depois de provar seu raciocínio. Mas não pára.

— Por que você não pode ser perdoado por achar que confessar-se a um padre que se confessa a Deus é ridículo e ofensivo? Ou que o papa é um homem da perdição?

Pouco depois ele propõe que os escoceses deveriam ter o direito de dizer "que os padres se cobrem de jóias e riqueza, embora vivam em meio à pobreza".

A sociedade escocesa é um paradoxo. Conseguiu, de certa forma, erradicar a discriminação na esfera pública. Os católicos têm uma representação bastante eqüitativa nas universidades e na força de trabalho. Mas a intolerância em relação a eles permanece. Não houve um movimento de direitos civis que varresse o anticatolicismo – a discriminação só diminuiu graças à globalização. Os estaleiros e siderúrgicas de Glasgow, que costumavam praticar uma política de contratação abertamente anticatólica, sucumbiram em seguida ao choque do petróleo de 1973. A maior parte da indústria sobrevivente caiu nas mãos de norte-americanos e japoneses, uma nova ordem econômica vinda de "lugares que não estão nem um pouco tão obcecados em defender os muros de Derry da Meretriz da Babilônia", como afirmou o crítico Patrick Reilly. Os católicos ganharam a igualdade social sem forçarem a Escócia a ajustar contas com suas crenças mais profundas. É por isso que a sociedade escocesa continua a abrigar, e até recompensar, Donald Findlay, os torcedores do Rangers e sua ideologia.

V.

No dia seguinte ao jogo da Velha Firma, viajei para Belfast sob um instável sol de inverno. A última migração importante de irlandeses para a Escócia terminou cerca de 50 anos atrás. Cada vez que Celtic e Rangers se enfrentam, contudo, há uma oscilação demográfica. Vários milhares de irlandeses do norte, católicos e protestantes, pegam o *ferryboat* para Glasgow a fim de assistir à Velha Firma. Vários milhares fazem a viagem. Um sociólogo chamado Raymond Boyle concluiu que 80% dos torcedores do Celtic de Belfast fazem 16 viagens por ano para ver o seu time. Para financiar essas aventuras, são obrigados a gastar centenas, por vezes milhares de libras.

No momento em que estou embarcando, a grande maioria da torcida já foi para casa. Só permanece aquele núcleo duro, que deseja espremer a última gota das garrafas de cerveja do fim de semana. Um contingente vindo de Carrickfergus, que fica no litoral a dez minutos de Belfast, chegou na sexta-feira após meia jornada de trabalho como motoristas de caminhão, operários de construção e *barmen*. Alguns nem tinham ingressos para o jogo, e eram escassas as esperanças de conseguirem entrar. Começaram a beber logo após embarcarem no *ferry*, que tem dois bares servindo bebidas alcoólicas, e não pararam mais. Jimmy, 32 anos, o líder informal do grupo, dormiu no chão da casa de um amigo em Glasgow tendo ao lado uma garrafa de vinho para afugentar desconfortáveis vicissitudes referentes ao nível de álcool em seu sangue. No barco de volta a Belfast, com a mulher o aguardando na chegada, Jimmy toma mais cinco doses.

Como é normal o *ferryboat* transportar tanto torcedores do Celtic quanto do Rangers, em geral funciona um código tácito de comportamento. Os torcedores do time da casa podem cantar o quão alto e irritantemente quiserem. Enquanto isso, os pequenos grupos que torcem pelo time visitante não expõem sua preferência nem discutem com os oponentes. Como este é o último barco da noite de domingo, está repleto de torcedores do Rangers, o time da casa esta semana. Mas também transporta casais que passaram o fim de semana fazendo compras em Glasgow, assim como pessoas de classe média que foram visitar parentes. Só os bêbados barulhentos e desleixados que viajam na parte de trás do barco indicam claramente que houve um jogo da Velha Firma.

A maioria dos torcedores do Rangers neste último barco adotou um novo conjunto de etiquetas. Nesta multidão altamente heterogênea, inevitavelmente apinhada de católicos, xingar é proibido. A bebedeira da turma de Carrickfergus, contudo, impede a prática da moderação. Jimmy, magricela, louro e vestido com roupa de *jogging*, lidera o grupo numa série de canções no espírito do mais desavergonhado triunfalismo. Na verdade eles não conversam, apenas emendam uma canção na outra. À simples menção de uma expressão – "o maior da liga", "Rei Billy", "bastardo feniano de merda" –, eles se soltam.

Como eu pago uma rodada de bebida, eles me recebem com entusiasmo. Jimmy pede que eu me esprema num canto já congestionado do barco.

— O que você quiser saber, eu conto. É só perguntar. Eu respondo qualquer coisa.

Mas antes que eu possa fazer a primeira pergunta ele começa a se gabar de sua amizade com o rapaz que se apresenta como o mascote do time do Rangers. No fundo, os companheiros de viagem de Jimmy cantam seu *pot-pourri* anticatólico, repetindo a frase "Foda-se o papa" com particular satisfação.

Jimmy junta-se a eles, e então coloca a cerveja na mesa e o braço no meu ombro.

— Diga, meu amigo Frank: "Foda-se o papa" – me implora ele. — Não vamos falar com você até que você diga. Vamos lá: "Foda-se o papa." Faz bem dizer isso.

Os companheiros favoritos de Jimmy – duas mulheres de vinte e tantos anos, um carpinteiro bigodudo mais velho chamado John Boy, o motorista de caminhão Ralphie e uns seis caras mais jovens – seguem a deixa do líder. Começam a bater palmas e cantar ritmadamente: "Foda-se o papa!". Uma das mulheres é mais estridente:

— Não seja um feniano de merda, Frankie. Vamos lá: "Foda-se o papa".

Dou de ombros, olhando em volta para ver se alguém mais está prestando atenção, e tento pronunciar a frase como uma questão retórica. Ao som de "Campton races", eles começam a cantar, como se tivesse sido planejado com antecedência: "Frankie é sectário. Du-dá, du-dá."

É óbvio que o uso repetido e feroz da frase "Foda-se o papa" dificilmente poderia atrair a afeição do restante do barco. Durante toda a viagem, Jimmy trocou olhares com um homem de suéter. Num banco próximo, outro grupo reclama das canções.

— Estragando nossa viagem, esses aí. Não paguei 40 paus para ser insultada desse jeito – uma mulher se queixa a uma comissária.

Alguns instantes depois, a comissária se aproxima de nós, inclina-se e diz:

— Desculpem. Vocês têm de parar. São as regras. É melhor para vocês.

Aparentemente, é a terceira vez que ela repreende o grupo. Quando chegarmos a Belfast, diz ela, a segurança estará esperando para resolver o assunto. Em circunstâncias normais, mais sóbrias, a ameaça poderia ter algum significado.

— OK, tá certo – diz Jimmy, e me aponta. — Foi este norte-americano sectário que causou todo o problema.

Uma vez mais, ele começa a cantar o meu nome. A comissária levanta-se e se retira.

A conexão entre Escócia e Irlanda – ou, mais precisamente, entre Glasgow e Belfast – é profunda. Pode-se vê-la por toda Belfast. No centro da cidade, tanto Celtic quanto Rangers têm estabelecimentos que vendem seus uniformes. Aqui e ali, organizações de torcedores também funcionam como lojas da Ordem de Orange. Um taxista de nome Billy leva-me ao seu clube num bairro que já foi protestante, mas que, quase que da noite para o dia, virou católico. O clube tem um bar, mesa de bilhar, aparelho de TV para assistir aos jogos e cadeiras para reuniões. É um lugar em que você pode, sem inibições, arregaçar as mangas e exibir a tatuagem dos Gers* no antebraço. O clube de Billy se coloca como o último bastião contra a inevitável invasão católica nesta parte da cidade, uma fortaleza sem janelas marcada pelas cicatrizes da guerra. Uma cerca alta contorna o prédio. A bandeira da Escócia tremula no alto de um poste. O lixo se espalha pelo estacionamento em frente.

— Estamos mais interessados em permanecer aqui do que em embelezar o local – desculpa-se ele.

Do outro lado da rua, ele aponta para os destroços de uma igreja protestante. Foi totalmente destruída por incêndios três vezes.

Os jogos da Velha Firma, ao que parece, provocam tantas vítimas na Irlanda do Norte quanto em Glasgow, se não mais. Enquanto em Glasgow a violência assume um padrão desconexo, dependendo sobretudo de bandidos cruzando seus caminhos aleatoriamente, na Irlanda do Norte ela acontece regularmente nas fronteiras que separam os bairros católicos e protestantes. No dia em que cheguei da Escócia, tinha havido uma batalha a noite inteira, do outro lado da província, na cidade de Derry. A Velha Firma coincidira com uma marcha anual protestante que atravessa a

*Apelido do Rangers. (N.T.)

cidade, e a confluência dos dois eventos foi explosiva. Reportagens dos jornais mostravam a cidade ardendo com carros em chamas, bandos de católicos marchando em massa para o centro a fim de impedirem as comemorações dos protestantes, policiais mantendo-se firmes enquanto católicos atiravam fogos de artifício sobre eles. Facadas e tiroteios foram registrados.

Há uma razão básica para os nativos da Irlanda do Norte abraçarem a Velha Firma com tanto fervor. Eles não têm nada comparável do seu lado do mar da Irlanda. O país simplesmente não comporta algo assim. Nem sempre foi desse jeito. No passado, a cidade abrigou um time chamado Belfast Celtic, baseado no conceito original escocês. E ele até tinha seu rival protestante, um time chamado Linfield. Mas em 1949 a equipe católica faliu. A diretoria do Belfast Celtic concluiu que o clube não podia mais depender dos policiais protestantes para proteger seus jogadores e torcedores. Um ano antes, tinham visto policiais comemorarem gols do Linfield. Quando os torcedores deste invadiam o gramado e começavam a bater em jogadores, chegando a quebrar as pernas de alguns, os tiras ficavam parados nas laterais do campo. Com o tempo, todos os clubes católicos da Irlanda do Norte acabaram seguindo o exemplo do Belfast Celtic e abandonaram as competições inter-religiosas. Despida de sua própria rivalidade, era natural que a Irlanda do Norte recorresse à Escócia.

No *ferryboat*, Jimmy continua passando da brincadeira para o discurso sério. Bebendo sua cerveja aos golinhos, encosta-se numa banqueta, os tênis apoiados sobre a mesa.

— Glasgow não é como aqui. – Faz uma pausa. — Lá você pode andar pela rua com uma camiseta do Rangers e nada lhe acontece. Aqui é vida ou morte, cara. Esses sujeitos são animais. Matam criancinhas.

Glasgow, explica ele, admite um estranho tipo de escapismo político. Não é que você deixe as idéias políticas em casa. Na verdade, ocorre o oposto. Pessoas como Jimmy podem entregar-se a suas paixões políticas mais profundas na Escócia. Podem fazê-lo das formas mais fanáticas. A diferença é que, na segurança do estádio de futebol de Glasgow, não precisam ficar calculando as conseqüências de exporem suas crenças aos gritos.

Antes de o barco atracar em Belfast, os amigos de Jimmy começam a se portar de maneira menos frenética. Um deles, o de uniforme laranja do Rangers apertado ao corpo musculoso, pulara no convés o tempo todo, cantando uma canção intitulada "Bouncy, bouncy" ["Saltitante, saltitante"]. "Se não pode fazer o Bouncy bouncy, você é um Tim." Com a noite como fundo, a camisa fluorescente fazia dele a única paisagem visível no horizonte. Ao desembarcar no porto, ele veste um blusão azul-marinho e o fecha até o pescoço. Dá uma olhada na cintura para ver se a camisa não está de fora do blusão. Puxando o boné azul da Nike sobre os olhos, ele se volta para mim.

— Tudo bem – diz, e desaparece na multidão que desembarca.

Em terra em Belfast, passageiros continuam se queixando aos oficiais do *ferryboat* do comportamento de nosso grupo. Mas a prometida equipe de segurança não aparece para intervir. No esquema de delitos da Velha Firma, essas infrações são muito pequenas para que alguém se incomode. Esperando que a esteira traga nossa bagagem já verificada, Jimmy senta-se a um canto discutindo com a mulher pelo celular. Quer que eu cancele a reserva no hotel e durma no divã de sua casa. A mulher quer censurá-lo por ficar fora todo o fim de semana. Antes de irmos para a sua casa, ele insiste em pararmos para um drinque com Ralphie, o motorista de caminhão, no Carrickfergus Glasgow Rangers Club. Em Belfast, pedir a um taxista que o leve a um clube associado ao Rangers pode ser um negócio complicado. Num passeio como esse, você não gostaria de se arriscar a ter no volante um torcedor do Celtic ou um simpatizante do IRA. Jimmy diz ao motorista repetidas vezes que estamos indo para o Glasgow Rangers Club e avalia cuidadosamente cada reação. Como o semblante do motorista permanece sereno, Jimmy começa a cantar e joga a sacola de viagem dentro do grande táxi preto.

Sossegado, Jimmy liga para uma garota de Edimburgo que Ralphie conhecera no bar depois do jogo e por quem está caído. Baixo, de bigode, quase incompreensível devido ao forte sotaque do Ulster, Ralphie é o ideal platônico de um camarada. Jimmy passa-lhe o telefone e ele gagueja. Nós rimos desse flerte desajeitado.

— Ela está a fim – Jimmy sussurra para ele.

Mas quando o motorista dobra para fora da estação do *ferryboat* e entra numa rua escura, Ralphie diz abruptamente para a garota que ligará para ela mais tarde. Um ar de pânico toma conta de seu rosto.

— Merda, Jimmy. É a porra da Estrada Falls.

A Estrada Falls é um notório centro de atividades do IRA, um lugar em que um torcedor do Rangers seria imediatamente espancado. Jimmy toma o celular da mão de Ralphie e começa a ligar para amigos no Carrickfergus Rangers Club. Serão nossos reforços – pelo menos saberão onde encontrar nossos corpos contundidos.

— Basta dizer a eles que você é norte-americano. Ninguém vai tocar em você – aconselha ele.

No momento em que consegue discar o número, aparece uma indicação na estrada. Três dias de farra fizeram com que eles perdessem a orientação geográfica. Jimmy bate no plexiglas que nos separa do motorista e lhe faz um sinal com o polegar para cima. Ele e Ralphie começam a cantar. "Nós somos o melhor da liga, nós somos o melhor da liga, e você sabe." Ao cantar, Jimmy ergue os braços acima da cabeça em sinal de triunfo.

3 COMO O FUTEBOL EXPLICA a questão judaica

— *Quer alguma coisa para ler?*
— *Sim, você tem algo bem leve?*
— *Que tal este livro bem fininho:* Ídolos judeus do esporte?

Do filme Avião, *1980*

I.

Cresci imaginando que os grandes atletas judeus aparecem uma vez a cada década, se o *pool* genético tiver sorte. Nos anos 1960, havia o lançador do Los Angeles Dodgers chamado Sandy Koufax; na década seguinte, o nadador Mark Spitz; depois, muitos anos em branco. Em casa, meu pai e eu imaginávamos que vários atletas escondessem o fato de serem judeus, como os Marrano sobreviventes da Inquisição espanhola. Meu pai era particularmente insistente em afirmar que Sid Bream, um homem de base magro e enérgico que jogava no Atlanta Braves, era um desses. E, para ser justo, tanto o nome quanto o sobrenome tornavam essa idéia plausível. Mas, em retrospecto, havia detalhes biográficos que provavelmente refutariam nossa análise. Sid Bream gostava de falar de sua paixão pela caça, e dirigia uma picape. Sim, ele usava um bigode ao estilo Mark Spitz, mas 20 anos depois de isso ser moda em nossa comunidade. A verdade nua e crua é que nós estávamos apreensivos demais para tentarmos descobrir a verdadeira etnicidade de Bream.

Antes de Bream cativar a imaginação de minha família, eu tinha esbarrado no Hakoah, um clube de futebol de Viena, vencedor do campeonato austríaco de 1925. O grande triunfo do Hakoah aconteceu quando o futebol austríaco representava o padrão-ouro mundial em matéria de estilo e estratégia. Embora tivesse jogado poucas vezes contra as outras grandes equipes da época, o Hakoah quase sempre as vencera. Com base em todas as evidências de que dispúnhamos, essa espécie de seleção judaica foi, por um curto período, um dos melhores times do planeta.

O Hakoah atraiu minha atenção pela primeira vez em um livro que descobri esquadrinhando o velho quarto de meu tio, na casa de meus avós: *Grandes ídolos judeus do esporte.* Tinha uma lombada azul puída que podia ser removida para revelar a capa nua. Fotografias em sépia enchiam suas páginas. Esse livro caiu em minhas mãos quando eu tinha oito anos de idade, e logo se tornou um dos meus favoritos. Por ter sido escrito no início dos anos 1950, não estava muito distante da renascença dos atletas judeus nos Estados Unidos, em meados do século, composta por gigantes como Sid Luckman, zagueiro do Chicago Bears, e Hank Greenberg, primeira base do Detroit Tigers. Tal como a maior parte da vida judaica naquele momento, o livro era esquizofrênico no que se refere à identidade étnica. Tal como me recordo dele, era um preito tanto às realizações dos judeus quanto à assimilação, mas principalmente a esta. Não trazia a Estrela de Davi na página de rosto nem historietas sobre Greenberg escapando de um jogo crucial de fim de temporada para participar das cerimônias do Yom Kippur. Foi por isso que o Hakoah se destacou naquelas páginas para mim. Não havia nenhuma tentativa de ocultar que seus jogadores eram judeus. O time tinha um nome hebraico e apregoava o judaísmo em seu uniforme.

Desde o começo, em outras palavras, o Hakoah me pareceu quimérico. Minha pesquisa sobre o time acentuou ainda mais essa impressão. Viajei para Viena com promessas de apoio de acadêmicos e líderes comunitários. Com sua ajuda, comecei a compilar nomes de judeus vienenses na casa dos 80 e dos 90 anos que poderiam ter alguma lembrança da temporada em que o Hakoah foi campeão. Desde 1949, a população judaica de Viena reduziu-se de aproximadamente 200 mil pessoas para sete mil. Esses remanescentes incluem imigrantes do antigo bloco soviético e meia dúzia de israelenses que se mudaram para aquela cidade por motivo de negócios. O grosso consiste em idosos naturais da cidade. Muitos têm filhos nos Estados Unidos e chegaram a passar anos no exterior. Mas voltaram para viver os últimos anos de vida na cidade de sua juventude, de modo a poderem ter um estilo de vida que lhes fosse familiar. Muitos austríacos receberam os nazistas com entusiasmo, essas pessoas freqüentemente se desculpam por continuarem a residir em Viena. Um professor de economia aposentado disse-me num sotaque norte-americano perfeito:

— Que posso fazer? Sei que os austríacos são os piores. Talvez fizessem tudo outra vez. Mas tenho interesses aqui, e amigos. É reconfortante.

Esses idosos judeus desejavam ardentemente falar do passado, de política e de seu amor pelos Estados Unidos, pagar-me uma refeição num restaurante chinês e um pastel numa lanchonete. Mas para meus objetivos, essas conversas nada tinham a ver, nem de longe, com futebol. Nenhum deles tinha praticado esse esporte, considerado por seus pais sujo, violento e proletário demais. Os judeus vienenses estavam entre os mais burgueses dos burgueses. E mesmo aqueles velhos judeus eram jovens demais para se lembrar dos dias de glória do Hakoah nos anos 1920. Disseram-me que talvez em Nova York houvesse alguem com quem eu pudesse conversar. Eu tinha atravessado o planeta só para me dizerem que as respostas que eu procurava poderiam ser encontradas na esquina da minha casa. Lamentavelmente, em Nova York e na Flórida, onde eu tinha mais contatos, também não avancei muito. Não dava. Quem poderia lembrar-se do Hakoah em seus melhores momentos está velho demais para isso ou não está mais conosco. Pelo que sei, a memória histórica do clube agora mora com um gentil jornalista esportivo sueco da cidade de Hässelby, chamado Gunnar Persson, que tem rastreado todos os fiapos de evidências vagamente relacionadas ao Hakoah. Com sua ajuda, comecei a costurar a história daqueles judeus prodigiosos.

Embora a idéia de uma equipe de futebol profissional composta por judeus pareça tão estranha agora, isso só acontece porque pouquíssimas dessas equipes sobreviveram a Hitler. Mas, nos anos 1920, os clubes de futebol judeus floresceram por toda a Europa metropolitana: em Budapeste, Berlim, Praga, Innsbruck e Linz.

Os times judeus se cobriam com o manto do nacionalismo judaico, e não húngaro, austríaco ou alemão, literalmente vestindo a camisa do sionismo. Décadas antes de serem forçados por Adolf Eichmann a portarem a estrela amarela, alguns desses clubes jogavam com o símbolo do rei Davi costurado no peito. Usavam uniformes em tons de azul e branco, as cores de Israel. Seus nomes inegavelmente hebraicos – Hagibor ("O Herói"), Bar Kochba (em homenagem ao líder da revolta contra os romanos no século II) e Hakoah ("Resistência") – ostentavam matizes claramente nacionalistas.

Se tudo isso parecia excepcionalmente político, é porque esses clubes eram produtos de uma doutrina política. Todo um segmento do movimento judaico acreditava que o futebol, e o esporte de maneira mais geral, os libertaria da violência e tirania do anti-semitismo. O polemista Max Nordau, um dos pais do sionismo da virada do século, criou uma doutrina intitulada *Muskeljudentum*, ou judaísmo musculoso. Nordau afirmava que as vítimas do anti-semitismo padeciam de uma doença própria, chamada *Judendot*, ou angústia judaica. A vida no gueto sujo provocara nos judeus a efeminação e o nervosismo. "Nas estreitas ruas judaicas", escreveu ele, "nossos pobres membros esquecem como é caminhar com alegria. Na escuridão de casas sem a luz do sol, nossos olhos se acostumam a piscar com nervosismo. Por medo da perseguição constante, o timbre de nossas vozes se reduz a um suspiro ansioso." Para derrotar o anti-semitismo e erradicar a *Judendot*, os judeus precisavam não apenas reinventar sua política corporal – tinham de reinventar os próprios corpos. Nordau escreveu: "Desejamos devolver ao flácido corpo judeu o tônus perdido, torná-lo forte e vigoroso, ágil e potente." Os judeus, exortava em artigos e palestras, deviam investir em ginásios e pistas de atletismo, pois o esporte "vai reforçar-nos no corpo e no caráter".

O judaísmo musculoso não foi uma quimera intelectual. As palavras retumbantes de Nordau capilarizaram-se pelas lideranças das comunidades judaicas da Europa Central. Das 52 medalhas olímpicas obtidas pela Áustria entre 1896 e 1936, 18 foram ganhas por judeus – 11 vezes mais do que teriam obtido se seu desempenho fosse proporcional ao tamanho de sua população. E embora a maior parte desses feitos tenha ocorrido em competições individuais, especialmente na esgrima e na natação, os judeus também brilharam no futebol. Durante as décadas de 1910 e 1920, boa parte da seleção húngara de futebol era composta de judeus. Por um breve momento, o sucesso obtido por eles no esporte imitava suas realizações no plano intelectual.

Há algo assustador na descrição de Max Nordau do corpo judeu como doentio e efeminado. E o que assusta são as semelhanças com a caricatura anti-semita. Talvez não seja coincidência. O sionismo e o moderno anti-semitismo europeu derivam da mesma fonte intelectual do *fin-de-siècle*. Ambos os movimentos nasceram na virada do século passado, em meio a outra onda de globalização maciça e mudança social desconcertante, quando a *intelligentsia* européia reagiu fortemente aos valores do Iluminismo. Seus membros adotaram um conceito científico de raça, uma obsessão quase homoerótica pela perfeição do corpo e uma idéia romântica sobre a terra-mãe. Nada disso enfatizava a fraternidade universal do homem, o ideal da Revolução Francesa.

Mas essa fase contra-iluminista passou há muito tempo, derrotada na guerra e desacreditada intelectualmente. Os últimos 50 anos de política européia correram decididamente na direção oposta, um retorno à celebração da razão e do universalismo. Decerto é essa a teoria por trás da União Européia, presumindo que o conflito pode ser evitado com o diálogo e que a comunhão de interesses pode transcender até mesmo a inimizade mais profunda.

Essa liberalização do pensamento não expurgou o anti-semitismo do sistema europeu. Pela maioria das avaliações, o anti-semitismo continental é tão difundido como sempre foi no pós-guerra, ou até mais. Certamente está presente no futebol europeu. Mas isso não significa que o anti-semitismo europeu de hoje seja o mesmo de antes da guerra. É uma fera inteiramente diferente, que não tem nem de longe a mesma propensão a matar, tornada menos perniciosa pelas transformações que a globalização provocou na Europa. Com a imigração de africanos e asiáticos, os judeus foram substituídos como alvos principais do ódio europeu. Essas mudanças podem ser vistas em microcosmo na história do futebol judeu. Mas antes de explicar o presente é necessário voltar atrás e contar a história do Hakoah de Viena.

II.

No início do século XX, movimentos revolucionários de direita e de esquerda percebiam que havia uma "milhagem política" a ser ganha com o futebol. Os clubes da juventude socialista patrocinavam seus times, enquanto pretendentes a fascistas tentavam infiltrar-se em clubes populares. Em Viena, um reduzido círculo de intelectuais sionistas enxergou o mesmo potencial nesse esporte. O grupo incluía um dentista e um advogado, ao lado de Fritz Beda-Löhrner, o libretista de cabaré que escreveu "Yes, We Have No Bananas". Eles também desejavam que o esporte funcionasse como propaganda a favor de seu movimento.

Em 1909 esse grupo criou, no espírito de Max Nordau, o clube atlético Hakoah. Como o nome hebraico indica, a finalidade do clube era projetar a resistência. O time deveria romper estereótipos, mas, pelo menos num aspecto importante, ele os confirmou. Antes de qualquer outra agremiação européia, o Hakoah adotou as leis do mercado. Pagava seus jogadores, e pagava bem – cerca de três vezes o salário médio de um operário. Esses salários mais altos, ao lado da missão ideológica, ajudaram o Hakoah a montar uma seleção de jogadores judeus recrutados na Áustria e na Hungria. Embora só contratasse atletas judeus, o clube trouxe os melhores treinadores, incluindo técnicos ingleses que lhe instilaram o que havia de mais atual em matéria de estratégia.

Havia um perigo inerente no conceito do Hakoah. Os anti-semitas vienenses em geral não precisavam de pretexto para destilarem sua bile ou se engajarem em brigas, mas o Hakoah lhes forneceu uma desculpa perfeita. *Drecskjude* (judeu sujo) e o paradoxal *Judensau* (porco judeu) eram gritos comuns das torcidas adversárias. Para dar a seus torcedores alguma confiança de que poderiam escapar vivos desse ambiente, o Hakoah montou um corpo de guarda-costas a partir dos clubes de boxe e lutas marciais que também controlava. Quem mais simbolizou essa política de autodefesa foi o lutador judeu Mickey Herschel. Nas fotos, parece um Charles Atlas, de sunga e com uma musculatura a princípio impossível num mundo anterior aos coquetéis de proteínas e aos esteróides anabolizantes. Herschel e sua equipe transformaram-se numa força de segurança comunitária que às vezes se postava na entrada de sinagogas e de bairros, lançando olhares intencionalmente atemorizantes sobre potenciais promotores de *pogroms*.

Lendo os jornais da época, não fica claro se o time judeu possuía um talento superior. Mas os *clippings* de fato mencionam os entusiásticos torcedores judeus e a garra dos jogadores. A performance mais corajosa de todas ocorreu no melhor momento da história do Hakoah. No antepenúltimo jogo da temporada de 1924-5, um jogador adversário desabou sobre o goleiro do Hakoah, Alexander Fabian, nascido na Hungria, quando ele agarrava a bola. Fabian caiu sobre o braço, contundindo-se de tal maneira que não poderia continuar jogando no gol. Não era um problema que se pudesse remediar com facilidade, posto que as regras da época impediam substituições em quaisquer circunstâncias. E assim Fabian retornou ao campo com o braço na tipóia e trocou de camisa com um companheiro, passando à posição de ponta-direita. Sete minutos depois da calamitosa contusão, o Hakoah avançou num contra-ataque. Um jogador chamado Erno Schwarz colocou a bola nos pés de Fabian. A nove minutos do final da partida, Fabian marcou o segundo gol, que garantiu tanto a vitória quanto o campeonato para o Hakoah.

De certa forma, o Hakoah conseguiu exatamente aquilo que seus fundadores esperavam: era um time vitorioso composto por um grupo de judeus. As mesmas elites judaicas que desprezavam esse esporte como reduto de rufiões da classe operária começaram a bancar o Hakoah, acreditando que o respeito que os gentios tinham por ele poderia se estender a elas. Judeus assimilados que não gostavam de reconhecer ou ostentar sua identidade na frente de gentios começaram a encher o estádio do clube, com capacidade para 18 mil pessoas, no segundo distrito de Viena. Contavam uns aos outros histórias como a de um gentio que, desejoso de que o Hakoah vencesse um rival de seu time, gritava "Vamos lá, senhor judeu" – forma de encorajamento altamente respeitosa em comparação com o restante. Como relembra Edmund Schechter, diplomata norte-americano, em suas memórias da juventude em Viena: "Cada vitória do Hakoah se tornava mais uma prova de que a época da inferioridade judaica em atividades físicas tinha chegado ao fim."

Da mesma forma que montou seu time utilizando os métodos da administração moderna, o Hakoah explorou seus sucessos com um plano de marketing que poderia ter sido elaborado por alguém com MBA no assunto. Fora da temporada, o time excursionava pelo mundo, como o Manchester United agora estabelece seu nome com turnês ao Extremo Oriente e aos Estados Unidos. Mas, em vez de vender uniformes, o Hakoah vendia o sionismo. Para preparar suas visitas, o clube enviava previamente propagandistas encarregados de gerar burburinho a respeito da *Muskeljudentum* e distribuir ingressos para empresas povoadas de empregados judeus. Eles estimulavam imensas multidões a conferir essa curiosidade. Em Nova York, o Hakoah levou 46 mil torcedores ao Polo Grounds. Judeus lituanos viajaram a noite toda de bicicleta para ver o time. Essas platéias faziam com que o Hakoah jogasse muito mais do que jogaria pelo talento natural. Contra a equipe londrina do West Ham United, os judeus obtiveram uma vitória de 5 x 1. Negativistas ressaltam a escalação do West Ham naquele dia, e é verdade que os *hammers* não levaram muito a sério aqueles judeus viajantes, enfrentando-os com um time formado principalmente por reservas. Mas o feito se sustenta. Antes do Hakoah, nenhuma equipe do continente tinha vencido um time inglês em solo inglês, onde o esporte foi criado.

Esse sucesso trouxe, contudo, uma conseqüência inesperada. Na viagem da equipe em 1925, os jogadores tiveram um vislumbre de Nova York, metrópole aparentemente não afetada pelo anti-semitismo europeu. Ela passou a ser o seu Sião, no lugar de Jerusalém, e no ano seguinte eles emigraram em massa para lá. Privado de nove de seu melhores atletas, o Hakoah tentou uma ressurreição, mas só atingiu a mediocridade. Pelo resto de sua curta vida, ele lutou para manter um lugar na divisão principal do futebol austríaco, às vezes caindo fora dela. E depois seus jogadores tiveram de lutar contra a morte. Com o *Anschluss* de 1938 e o domínio que a Alemanha passou a exercer sobre seu país, a liga austríaca acabou com o Hakoah, anulou os resultados dos jogos de que ele participou e entregou seu estádio aos nazistas.

Quando voltei de Viena para Washington, fui à biblioteca do Museu do Holocausto. Um intelectual me havia indicado que procurasse um documentário que continha cenas com jogadores do Hakoah. *Der Führer schenkt den Juden eine Stadt* (O *führer* dá uma cidade aos judeus) mostra a vida no campo de concentração tcheco de Theresienstadt. Os nazistas criaram Theresienstadt como uma aldeia exemplar para mostrarem aos dinamarqueses, à Cruz Vermelha e a outros grupos humanitários. Lá, os judeus freqüentavam aulas e tocavam sinfonias. Como poderia haver genocídio?

Muito satisfeitos por sua habilidade em ocultar a realidade aos humanitários, os nazistas tentaram apresentar Theresienstadt a uma platéia bem mais ampla. Eles registravam as imagens no celulóide e as distribuíam fartamente. No verão de 1944, os nazistas encarregaram o corpulento cômico e diretor judeu Kurt Gerron de produzir o filme. Gerron tornara-se um grande nome do renascimento cinematográfico de Weimar, um colega de Marlene Dietrich. Mas agora ele não estava filmando apenas por sua reputação, acreditava que poderia fazer um filme capaz de agradar os nazistas o suficiente para salvar sua vida.

Os nazistas atribuíram a Gerron uma tarefa impossível. Disseram-lhe para fazer um filme sem lhe dar controle algum sobre o roteiro e a montagem. Na verdade, ele morreu em Auschwitz sem ter visto nada dos 17 mil pés de película que filmou. Mais que isso, os habitantes de Theresienstadt não se prestaram à propaganda. Nem mesmo modernos efeitos especiais poderiam corrigir os rostos tristes de pessoas jogando xadrez ou a pressa assustadora com que crianças pegam pedaços de pão com manteiga de um prato.

Para agradar os nazistas, Gerron adotou o estilo deles – especialmente o culto do corpo. Mulheres fazem aeróbica com shorts curtos. Um trabalhador sem camisa bate o martelo numa bigorna sobre a qual uma barra de aço exala fumaça. Um grupo de homens joga futebol. É a perversa inversão nazista da *Muskeljudentum*.

> NARRADOR: O uso do tempo livre fica por conta de cada indivíduo. Com freqüência, os trabalhadores se reúnem para jogar futebol, o principal evento desportivo de Theresienstadt.
>
> *Mostra-se o pátio do antigo quartel militar usado como um campo. Homens e garotos lotam o portal observando o campo sujo. A câmara passa para os times entrando no quartel. Tal como o Hakoah, um deles usa estrelas de Davi sobre o uniforme branco.*
>
> NARRADOR: Devido a limitações de espaço, cada time tem sete jogadores.
>
> *Os jogadores apertam a mão do juiz.*
>
> NARRADOR: Apesar disso, torcedores entusiasmados assistem a um jogo animado do começo ao fim.
>
> *Começa o jogo. Alguns jogadores do time de uniforme escuro devem ter sido profissionais. Apesar do campo pequeno, eles tabelam com habilidade e marcam um gol desviando um escanteio. A cada gol, a platéia comemora aos pulos.*
>
> *Por dois minutos, a ação desenrola-se sem narração. A cena então muda abruptamente para os banheiros, um tributo à impecável higiene do campo de concentração. Uma fileira de homens nus marcha para os chuveiros.*

III.

Não é exatamente uma novidade que, 60 anos depois do Hakoah, o anti-semitismo persista na Europa. Há até sinais – a ascensão de políticos de ultra-direita na França e na Áustria; o aumento da violência física contra os judeus franceses; charges políticas que relembram os clássicos estereótipos do nariz adunco – de que possa estar aumentando. Por mais assustador que isso possa parecer, a honestidade intelectual exige uma distinção entre o antigo anti-semitismo e o atual.

O anti-semitismo de agora é algo singular e novo – não tão aceito socialmente, tampouco não tão inaceitável. Talvez não haja exemplo mais estranho dessa atitude em relação aos judeus do que o Tottenham, time com sede em North London. Seus torcedores referem-se a si mesmos como os Yids ou Yiddoes. Quando esse nome sai de suas bocas com o sotaque *cockney*, parece um xingamento grosseiro. E, é verdade, as conotações desse nome não são das melhores. Quando as gangues do fascista inglês Oswald Mosley marcharam pela parte judaica do East End de Londres em 1936, seus membros gritavam: "Abaixo os Yids!" Ao longo da história, muitos outros inimigos dos judeus têm usado o termo exatamente dessa forma. Mas os torcedores do Tottenham aplicam a alcunha a si mesmos de maneira lisonjeira e com orgulho.

Quando um jogador do Tottenham dribla ou dá um chute de fora da grande área, os torcedores comemoram entoando "Yiddo, Yiddo". Para empurrar a equipe em momentos de insegurança, a torcida incita seu time cantando: "Quem, quem, quem deixou os Yiddos de fora?". Eles saúdam seus jogadores favoritos chamando-os de "judeus", ainda que nenhum deles se enquadre sequer nos padrões mais frouxos do *halakhah*. Quando o grande atacante alemão Jürgen Klinsmann chegou ao clube em 1994, a torcida o recebeu cantando:

Chim-chiminee, chim-chiminee,
Chim-chim churoo

Jürgen era alemão
Agora é um judeu.

Para o não-iniciado, não é óbvia a lógica subjacente à conexão entre o Tottenham e os judeus. Nesse sentido, essa lógica provavelmente não parece mais clara aos próprios torcedores do Tottenham – é apenas um costume herdado que se pratica sem refletir. Mas, até onde posso discernir, o elo histórico é este: embora houvesse judeus em vários bairros de Londres, o de Stamford Hill, perto da sede do Tottenham, concentrava judeus hassídicos, vestidos de preto, pré-modernos e não-assimilados, do tipo que chama a atenção. Eles constituíam um amplo cabide no qual os inimigos do Tottenham podiam pendurar seus ódios. Torcedores de todos os times da liga atacavam o Tottenham em função dos judeus de seu bairro, mas os piores eram seus rivais londrinos do Chelsea. Embora tivesse quase o mesmo número de judeus que a do Tottenham, a torcida do Chelsea compôs algumas canções particularmente abomináveis. Uma delas dizia: "Hitler vai mandá-los para o gás outra vez/ Não podemos segurá-los/ os Yids do Tottenham." Outra exortava: "Ponha no gás um judeu, judeu, judeu, coloque-o no forno, cozinhe até o fim."

Como reagir a todo esse fel? A estratégia do Tottenham alternava-se entre ignorar o que era cantado e mudar de assunto com seus próprios insultos. Nenhuma dessas abordagens teve muito sucesso. Quando enfim se elaborou uma resposta, tomou-se emprestada uma clássica estratégia de argumentação de caráter ilusionista, adotando-se o insulto como emblema de honra. O momento-chave dessa transformação veio numa partida contra o Manchester City, no início dos anos 1980. Os adversários do Tottenham cantaram o seguinte:

Vamos correr em torno de Tottenham de pau pra fora esta noite,
Vamos correr em torno de Tottenham de pau pra fora esta noite,
Cantando: "Eu tenho prepúcio, eu tenho prepúcio, eu tenho prepúcio e você, não."
"Nós temos prepúcio, nós temos prepúcio, vocês, não."

Em lugar de ouvir passivamente o ataque, a torcida do Tottenham reuniu seus componentes judeus, estimulando-os a tirarem as calças e balançarem seus membros circuncidados de modo desafiador. Foi uma reação tão engraçada, tão impossível de revidar, que a torcida do Tottenham calou a oponente.

Por mais estranho que pareça, quem primeiro adotou a identidade judaica foram os *hooligans*, exatamente o segmento que tem membros ligados à extrema direita. Deram ao seu bando o nome de "Exército Yid" e fizeram da bandeira israelense o seu estandarte. Depois de vencerem batalhas contra bandos rivais, eles esfregavam sua vitória na cara dos inimigos dançando em volta deles e cantando "Yiddo". Os *hooligans* podem parecer torcedores marginais, mas não eram. Até os anos 1990, eram vistos por grande parte dos torcedores médios como uma vanguarda, lançadores de modismos que mereciam respeito por sua devoção fanática ao clube. Assim, a identidade judaica do Tottenham logo se espalhou desse núcleo para os torcedores médios, tornando-se parte do tecido cultural do clube. Antes dos jogos, as ruas que levam ao estádio se transformam numa vitrine para vendedores de camisetas com dizeres como "Yid4ever".

Alguns dos maiores clubes do futebol europeu – Bayern de Munique, Áustria de Viena, AS Roma – têm sido hostilizados por seus detratores como "clubes de judeus". Na maioria dos casos, é porque seus antigos torcedores vinham das fileiras da burguesia judaica pré-Primeira Guerra Mundial. Só um clube do mundo, contudo, pode superar o Tottenham em matéria de judeus: o Ajax de Amsterdã decora seu estádio com bandeiras israelenses, as quais podem ser compradas do lado de fora em dias de jogo. A visão inesquecível de holandeses louros com latas de cerveja e estrelas de Davi vermelhas pintadas na testa acompanha os jogos do Ajax. E, diferentemente da diretoria do Tottenham, que nada faz para estimular a identidade judaica, o Ajax fez do judaísmo parte de seu *ethos*.

Durante a década de 1960, o Ajax libertou o futebol europeu de suas enfadonhas estratégias e de suas desprezadas formações tradicionais, rigorosamente defensivas, e adotou uma abordagem mais criativa que evitava atribuir posições rígidas aos jogadores. A imprensa chamou esse estilo de Futebol Total. O autor dessa nova estética foi o grande jogador e filossemita Johann Cruyff. Os estranhos rituais que seu clube realizava antes dos jogos incluíam a distribuição de salame *kosher* e zombarias de vestiário timidamente apimentadas com expressões em iídiche. Antes de cada jogo, um atleta de nome Jaap van Praag contava uma piada judia. O fisioterapeuta judeu do clube relembrou: "Os jogadores gostavam de ser judeus mesmo não o sendo."

Os mais encantados com essas práticas eram os israelenses. Como explica Simon Kuper em seu livro *Ajax: The Dutch, The War*, muitos israelenses pensam que Cruyff é judeu. Isso é, claro, uma lenda urbana, mas uma lenda que ele alimenta. Quando vai a Israel, onde a mulher tem parentes, é visto usando um solidéu com o número 14 costurado.

Os audaciosos times de Cruyff eram reflexos da jovem cultura hippie que tomou Amsterdã de assalto na década de 1960. Também representavam a onda filossemítica que invadia a cidade. Naqueles anos, mais que qualquer outro país da Europa, a Holanda ajudava Israel e defendia o Estado judaico nas Nações Unidas. Durante o boicote do petróleo em 1973, o primeiro-ministro holandês andou de bicicleta em frente das câmeras de TV para mostrar sua solidariedade aos israelenses. No auge desse período, Amsterdã elegeu uma série de prefeitos judeus. Havia um contexto cultural para essas mudanças: os holandeses tinham começado a redescobrir e celebrar sua história de resistência à invasão nazista. A partir dos anos 1960, comemorações anuais alardeavam o heroísmo de uma greve em massa realizada em fevereiro de 1941 em protesto contra a ocupação nazista. E ninguém fez mais que os holandeses para alimentar o culto a Anne Frank e aos honrados gentios que protegeram sua família num sótão de Amsterdã.

No entanto, mais que redescobrir essa história de resistência, os holandeses a inventaram. Como tem sido incansavelmente apontado por historiadores nos últimos anos, os holandeses atuaram mais na colaboração com os nazistas do que na oposição a eles. O país perdeu uma percentagem maior de judeus para o Holocausto do que qualquer outro país. Na cosmopolita e tolerante Amsterdã, identificar-se com os judeus na linha do Ajax se encaixava nesse projeto de reinvenção e abrandamento da culpa. David Winner, jornalista inglês que escreveu *Brilliant Orange: The Neurotic Genius of Dutch Soccer*, afirma que o Ajax está engajado num "ato inconsciente de solidariedade pós-Holocausto aos judeus assassinados e desaparecidos".

Essa é uma interpretação generosa, e pode conter alguma verdade sociológica importante. Mas é um pouco simpática demais à busca dos holandeses por redenção. Eles não chegaram tão longe quanto acreditam. A simpatia pelos judeus no estádio de futebol tem fundamentos sombrios. A essência do anti-semitismo tem sido tratar os judeus como algo estranho, como intrusos perigosos, um estado dentro do Estado. Por 200 anos, um segmento importante dos judeus europeus lutou para superar essas mistificações. Mesmo sionistas como Max Nordau, que alimentaram a idéia de um Estado judeu, ansiavam, em última instância, por nada mais que a aceitação como europeus de pleno direito.

Infelizmente, depois do Holocausto e da fundação de Israel, essa aceitação ainda não ocorreu de fato. Mesmo quando europeus se identificam como judeus, como nos casos do Ajax e do Tottenham, eles confirmam que os judeus são estrangeiros, diferentes deles. Ainda os tratam como curiosidades bizarras, reduzindo-os a símbolos estranhos – solidéus, costeletas, estrelas de Davi.

Isso encontra um paralelo no uso, pelos norte-americanos, de símbolos indígenas no esporte, como é o caso do Washington Redskins, do Cleveland Indians e do Florida State Seminoles. É possível argumentar que esses apelidos são elogios, um tributo à bravura e ao espírito de luta dos nativos norte-americanos. E não seria melhor tratar os aborígines com mesuras do que massacrá-los? Mas há uma falha nessa argumentação: os norte-americanos só podem fazer esse tipo de cortesia porque exterminaram os índios. Não há ninguém por perto para se opor a transformá-los em imagens de desenho animado. E isso piora o problema de uma forma perversa. Essas imagens congelam os índios no tempo, retratando-os como se vivessem no século XIX, ao tempo da conquista do Oeste, usando roupas de couro e cocares de penas. Torna-se impossível imaginar os índios remanescentes um dia transcendendo seu primitivismo, deixando suas reservas e assimilando-se à sociedade. O mesmo tipo de imagem tem afligido os judeus europeus. Não importa o quanto tentem, permanecem no imaginário continental como "outros", *outsiders*. Esse tratamento confirma um antigo aforismo, um pouco forte, mas ainda verdadeiro: um filossemita é um anti-semita que adora judeus.

Mas interromper a discussão aqui é um pouco simplista demais. A Europa avançou muito desde a guerra. Em parte, mudou por sua conta. Reagiu aos atos horríveis que cometeu – e passou a exercer uma oposição engajada ao racismo, ao militarismo e ao nacionalismo. Por ironia, essa correção política tornou-se irracionalmente desconfortável com a indesculpável defesa da cidadania judaica por Israel e sua insistência numa resposta militar ao terrorismo. Agora, quando a Europa recai no anti-semitismo, é motivada mais por um compromisso irredutível com os ideais do Iluminismo do que por um ódio herdado aos assassinos de Cristo. Mark Lilla, teórico político da Universidade de Chicago, escreveu: "Antigamente, os judeus eram ridicularizados por não possuírem um Estado-nação. Agora são criticados porque o têm. ... Muitos intelectuais da Europa Ocidental, incluindo aqueles cuja tolerância e mesmo afeição aos judeus não pode ser questionada, acham [Israel] incompreensível. A razão não é o anti-semitismo ou mesmo o anti-sionismo no sentido usual. É que Israel é, e se orgulha de ser, um Estado-nação – o Estado-nação dos judeus. E isso é profundamente constrangedor para a Europa pós-nacional."

A Europa também mudou por causa da globalização. Destacadamente, o continente foi inundado por imigrantes. Antes da guerra, judeus e ciganos eram os *outsiders* que carregavam o fardo do desprezo da cultura européia pela alteridade. A chegada de senegaleses, paquistaneses e chineses não dotou o nacionalismo europeu de uma idéia significativamente mais multiétnica de Estado. Mas difundiu o ódio, de modo que ele não se fixa num único grupo digno da eliminação. Pode-se ver isso com muita clareza no estádio de futebol. O anti-semitismo cru é uma anomalia. A maior parte do ódio presente no futebol agora se concentra nos negros sob a forma de ruídos simiescos e ofensas racistas que emanam de multidões e de atletas. E fora do estádio são os muçulmanos, com freqüência, que hoje sofrem a intolerância da maioria.

Igualmente importante, os chamados clubes de futebol judeus, como o Tottenham e o Ajax, constituem um grande avanço em relação aos *pogroms* e aos *Einsatzgruppen*. Em vez de denunciarem os judeus como a mácula da nação, segmentos da classe operária se identificaram eles próprios como judeus, ainda que apenas por ironia.

Evidentemente, continua havendo espaços na Europa muito menos irônicos do que outros.

IV.

Fora do estádio, no antigo bairro alemão da área sul de Budapeste, policiais colocam torcedores em fila e os revistam. Embora confisquem facas e projéteis, estão muito mais interessados em impedir a entrada de faixas que atraiam para o país uma atenção indesejada. É um testemunho da atuação da polícia húngara – ou talvez da determinação dos torcedores – o fato de raramente atingirem seu objetivo. Torcedores do Ferencvaros enrolam as faixas em torno do corpo e as ocultam sob as roupas. Antes dos jogos, as desenrolam e dispõem de modo a formarem seqüências completas. Uma delas começa: "Os trens estão partindo...". A segunda conclui: "... para Auschwitz".

Esse *slogan* diz quase tudo sobre o ambiente no estádio. Porém o que mais impressiona na torcida do Ferencvaros não é apenas a intensidade de seu ódio, mas a jovialidade. Eles possuem uma série infindável de hinos e canções inspirados em Mengele. Uma letra típica do gênero diz: "Judeus sujos, judeus sujos, câmaras de gás, câmaras de gás". Outro grupo repete o mantra "Sabão, ossos". Como se a evocação do campo de extermínio não estivesse suficientemente clara, os torcedores do Ferencvaros pressionam a língua contra o palato para produzirem um silvo que imita a liberação do gás Zyklon B. Por algum tempo nos anos 1990, eles pontuavam a comemoração dos gols com o braço estendido numa saudação *à la* Nuremberg.

A torcida do Ferencvaros não é especialmente seletiva a respeito daqueles que chamam de "judeus sujos"; a maioria dos seus adversários húngaros é tratada dessa maneira. Mas ela reserva seu comportamento mais odioso a um antigo arquiinimigo, um outro clube de Budapeste chamado MTK Hungaria. Para sermos justos, a torcida do Ferencvaros está longe de ser a única a ofender o MTK.

À primeira vista, esse desdém parece fruto do ressentimento. O MTK tem uma longa lista de sucessos: ganhou 21 campeonatos nacionais e foi vice 18 vezes; com um proprietário abastado, está passando por um renascimento nos últimos tempos, ganhando três das últimas Copas da Hungria. Geralmente, uma seqüência de vitórias como essa produz um poderoso rolo compressor do sucesso, que atropela sem piedade os recalcados. Rapazes de 18 anos não conseguem resistir e se entregam a um fanatismo cego. Torcedores adultos, que ficam trancados quando seu time vai mal, anunciam cheios de orgulho sua filiação pendurando um emblema no espelho retrovisor do carro. Mas o que é estranho a respeito do MTK é que seu êxito não acarretou um aumento no número de torcedores. Mesmo durante os campeonatos, é uma sorte ele atrair mais do que mil de seus fãs aos jogos que faz em casa, sendo com freqüência superados em número pelos dos times visitantes.

A diretoria do MTK não admite oficialmente, mas sua torcida, sim: a razão de ele ter tão poucos simpatizantes e tantos inimigos é o fato de ser um clube judeu. O MTK foi fundado por empresários judeus em 1888, e no início do século XX o time era composto basicamente por jogadores judeus. Antes do final da Primeira Guerra Mundial, não era um estigma tão terrível assim. Os judeus estavam entre os primeiros e mais ardentes defensores do nacionalismo húngaro. Ao contrário do Hakoah, o MTK não tinha uma agenda sionista. Com efeito, o M da sigla era a inicial de Magyar, vinculando os judeus do clube à causa do nacionalismo húngaro. O time chegou a localizar seu estádio na Estrada Hungária. Em retribuição a sua fidelidade à causa, os judeus ganharam aceitação na sociedade de Budapeste. A atmosfera receptiva da cidade inchou a comunidade, transformando-a numa das maiores concentrações de judeus do planeta, tanto que James Joyce, entre outros, chamava-a pelo apelido de "Judapeste".

Depois da queda do Império dos Habsburgo e da desastrosa experiência da revolução comunista de 1919, essa confortável coexistência chegou ao fim. Os judeus passaram a ser vistos pelos políticos nacionalistas como os bodes expiatórios preferidos. Esses políticos e seus jornais transformaram o MTK num poderoso símbolo do caráter pernicioso do judeu. Atribuíram ao clube os mais grosseiros estereótipos anti-semitas – mercenários sem pátria, ávidos por dinheiro, praticantes de um jogo sujo. Nos anos 1940, esses nacionalistas chegaram ao poder e se aliaram aos nazistas. O MTK foi fechado em função de sua afiliação étnica. Depois de a Segunda Guerra Mundial varrer do mapa os fascistas da Cruz de Ferro, os comunistas reabriram o MTK para fins comerciais. O partido entregou o controle do clube a uma sucessão de patrocinadores pertencentes aos sindicatos e à polícia secreta.

Mas, independente do patrocinador, a identidade do clube nunca mudou. Apesar dos muitos esforços de torcedores e dirigentes, a visão do MTK como clube judeu não pôde ser apagada. Mesmo hoje, na era da democracia, com a Hungria ingressando na União Européia, há muito poucos gentios torcendo para o MTK. Isso ainda significa transpor uma barreira social que mesmo os húngaros mais progressistas e de mente mais aberta não conseguem enfrentar. Para eles, vestir um uniforme do MTK equivale a usar um solidéu. O resultado é que um dos dois melhores times da Hungria transformou-se num gueto, no antigo sentido europeu dessa palavra, a essência da condição de judeu europeu, uma mistura agridoce do mais alto sucesso com um sofrimento solitário.

4 COMO O FUTEBOL EXPLICA o *hooligan* sentimental

I.

Até onde sei, só existe um exemplo do oposto ao exército yid do Tottenham: um torcedor de futebol judeu que ofende orgulhosamente os adversários com insultos anti-semitas. Eu o conheço pelo nome de guerra, Alan Garrison.

O sobrenome é um pseudônimo que ele adotou quase 30 anos atrás para complicar suas interações com a polícia. Desde os cinco anos de idade, Alan torce para o rival do Tottenham na West London, o Chelsea. Ele merece uma página própria nos livros de história, e não apenas como excentricidade. Em meados da década de 1960, era um dos chefes de uma das primeiras torcidas organizadas de *hooligans* ingleses. Praticamente inventou o gênero. Sob sua liderança – quer dizer, até ele ir para a prisão, onde passou a maior parte das décadas de 1970 e 1980 –, o Chelsea começou a emergir como o mais famoso bando de delinqüentes do futebol de todo o planeta, aquele com a maior capacidade de odiar e destruir.

Mas, antes de descrever essa contribuição à civilização européia, devo atenuar minha caracterização de Alan como judeu. E admito que não é uma atenuação de pouca monta. O pai de Alan Garrison era um alemão que serviu como tenente na SS de Hitler, sendo acusado pelos Aliados de crimes de guerra cometidos na campanha da Rússia, embora nunca o tenham processado. Quando foi atingido no estômago num choque com tropas britânicas no sul da França, tudo em sua vida se inverteu de repente, e de maneira estranha. Os Aliados capturaram seu corpo ferido e misericordiosamente o mandaram para tratamento numa enfermaria militar em Edimburgo. Acamado e com roupa de hospital, totalmente dependente da bondade dos adversários, ele se apaixonou perdidamente por sua enfermeira, uma judia escocesa, e ela por ele. Em 1946, tiveram Alan, o primeiro de seus três filhos de origem ariano-judia. Era uma bomba pronta para explodir. Tanto a família quanto a comunidade da mãe afastaram-se deles. Quando a vergonha e o estigma se tornaram insuportáveis, eles fugiram com o bebê para uma nova vida, menos tensa, mais anônima, em Londres.

Da aparência de Alan como adulto – rosto descorado, olhos caídos, dentes tipicamente ingleses, óculos grossos, ralos cabelos grisalhos –, percebe-se que ele teria dificuldades no *playground* mesmo sem considerar seus antecedentes. Sua origem mista não o ajudou. "Jacó burro", meninos insensíveis o chamavam num dia, chutando-o e maltratando-o. "Bárbaro nazista de merda", gritavam no dia seguinte, reencenando seu *pogrom* anti-semita como um heróico ataque ao *bunker* de Hitler.

A identidade de Alan tornou-se um obstáculo. Quando a mãe quis que passasse pelo Bar Mitzvah, ele se recusou terminantemente. Disse à pobre senhora que havia abandonado de todo a religião judaica. Daquele dia em diante, passou a praticar o paganismo e a adorar a deusa Ísis, parte de uma fé que o professor de arte explicara num curso sobre civilizações antigas. Alan tomou outras resoluções a respeito de si mesmo. Seria um homem forte. Aprenderia a lutar boxe e usaria seus golpes contra qualquer idiota que ousasse insultá-lo. Faria o possível para obter as boas graças do grupo dos durões. Fazendo amizade com eles, estaria se colocando sob uma bolha protetora capaz de repelir quaisquer agressores.

No quinto aniversário de Alan, seu pai, então trabalhando como contador, proporcionou-lhe uma trégua. Levou-o para assistir a um jogo do Chelsea, o clube local, no estádio de Stamford Bridge. A West London de então não tinha restaurantes japoneses nem bares da moda. O Chelsea, tanto o bairro quanto o clube, não tinha nem um pouco do glamour e do cosmopolitismo que hoje o definem. Nos dias de semana, cães corriam na pista que margeia o campo de futebol. No Shed, da mesma forma que em grande parte dos estádios de futebol ingleses antes da década de 1990, não havia assentos, apenas arquibancadas de concreto. Nelas se podia amontoar uma quantidade infinita de pessoas, e os vendedores de ingressos nunca se mostravam propensos a interromper o fluxo. O estádio, tão cheio de paixão e companheirismo, dominou a imaginação de Alan. Também queria isso em sua vida. Quando ficou um pouco mais velho, começou a ir aos jogos sozinho e fez amizade com outros garotos que freqüentavam o Shed. Adoravam futebol, com certeza, mas também gostavam de exibir seu mau comportamento.

Eles estabeleceram um novo padrão de perversidade durante um jogo, em 1963, contra um clube da região industrial do norte chamado Burnley. Algumas centenas de torcedores do Burnley estavam sentados na ala norte do Stamford Bridge, do lado oposto ao Shed. Alan e seus amigos enfureceram-se com a presença de tantos estranhos. Resolveram aparecer de surpresa na ala norte e ensinar aos torcedores do Burnley como se comportar em visita ao Chelsea. Como Alan não tinha nem 16 anos – e muitos de seus companheiros eram ainda mais jovens –, o ataque foi facilmente repelido por uns poucos homens na faixa dos 30, donos de bíceps impressionantes produzidos pelo trabalho em oficinas mecânicas e linhas de montagem. "Foi um protesto justo", recordaria Alan muitos anos depois. Poucos minutos depois de lançar o ataque, ele foi empurrado vários degraus abaixo. Precisou de muitas canecas de cerveja para afastar a dor.

Mas nem o álcool poderia apagar a humilhação. Depois daquela noite no *pub*, Alan e seus colegas começaram a planejar uma visita a Burnley na temporada seguinte. Iam se guiar por táticas furtivas, misturar-se à massa do Burnley, e só então armariam o ataque. Funcionou às maravilhas. Ninguém pode afirmar com segurança quantos torcedores do Burnley foram mandados para o hospital naquele dia. Mas foram suficientes para que os jornais prestassem atenção. A imprensa inglesa registrou uma ameaça a que chamou de arruaceiros [*hooligans*] do futebol.

II.

Quando me encontrei com Alan pela primeira vez, num *pub*, ele me pareceu um homem que passava grande parte do tempo montado numa Harley Davidson. Usava uma jaqueta de cetim preto do Oakland Raiders. O cabelo era curto dos lados e espesso no topo, no estilo conhecido como *half-mullet*. Um amuleto Wiccan – um pentágono invertido – pendia de um cordão no pescoço. Vendo esse homem de meia-idade, pensei que, se o pior viesse a acontecer, eu pelo menos seria capaz de ganhar dele na corrida.

Alan chegou para a entrevista com 20 minutos de atraso e me cumprimentou de modo grosseiro.

— Legal – disse ele, apertando minha mão sem se desculpar pelo atraso. Eu o levei a uma mesa no canto.

— O que quer beber?

— Uma coca. Eu não bebo – respondeu ele. — Aprendi da pior maneira que isso é uma desvantagem numa briga.

Não demorou para que ele alardeasse ostentosamente os seus antecedentes.

— A polícia já me pegou 21 vezes ... Sou viciado em violência ... Já tentei parar, mas não consigo.

Mostrou-me cicatrizes das batalhas. Um calombo no pulso, de um osso quebrado que se consolidou de modo estranho; um braço que se dobra numa direção que desafiaria um conjunto saudável de juntas e tendões. Ao fazer essa apresentação, contudo, Alan começou a minar a imagem pretendida. Ele é um falastrão compulsivo, com infindáveis opiniões a respeito de uma série infindável de assuntos. Minha caneta lutou para acompanhar o ritmo de suas pontificações sobre as deficiências dos governos autoritários, a moralidade da guerra anglo-americana contra o Iraque, o gênio de Alexandre o Grande e a seriedade dos californianos.

Essa prodigalidade só se interrompeu quando ele chegou ao tema de seu amado time, o Chelsea.

— Este é um bom lugar para você visitar, por causa de seu simbolismo – disse ele, referindo-se ao bar.

O nome do bar vem do antigo e famoso Shed, que um dia abrigou os valentões do Chelsea. Na verdade, o bar fica exatamente naquele ponto. Só que agora se pode entrar no Shed pelo saguão de um hotel de luxo – parte da ampla melhoria implementada na área do estádio. Dobrando-se a esquina, pode-se comer uma lagosta na King's Brasserie. No interior do Shed, profissionais liberais vestidos de terno riem enquanto bebem canecas de cerveja. Uma TV com tela de plasma mostra o anúncio de massagens e outras terapias no Chelsea Club and Spa, do outro lado do estádio.

Mais que qualquer outro clube do mundo, o Chelsea foi transformado pela globalização e pela renovação arquitetônica da cidade. Passou de clube mais intimamente identificado com o hooliganismo dos anos 1980 àquele que mais se identifica com o cosmopolitismo da década de 1990. O desenvolvimento imobiliário em Stamford Bridge foi apenas uma parte desse processo. A renovação também pode ser vista em campo. O Chelsea contratou uma série de autoridades italianas e holandesas para treinar sua equipe e nela imprimir sua cintilante marca estrangeira. Sob a orientação desses nomes, o Chelsea teve a distinção de ser o primeiro clube da Inglaterra a montar um time sem nenhum inglês. Essa postura exuberante exacerbava a tendência ao cosmopolitismo, atraindo uma batelada de investimentos estrangeiros. A companhia aérea Air Emirates, do Oriente Médio, passou a anunciar no uniforme do time. Em 2003, o segundo homem mais rico da Rússia, um judeu magnata do petróleo de nome Roman Abramovich, adquiriu participação majoritária no clube e começou a gastar sua fortuna construindo uma equipe com o calibre de campeã.

Para muitos, Alan inclusive, esses melhoramentos caíram como uma detestável agressão à base do clube, formada por gente da classe trabalhadora, como se o time tivesse abandonado seus torcedores mais fiéis em favor da afiliação efêmera de pessoas fúteis atraídas por modismos. Entre as muitas mudanças, houve um momento mais doloroso. Em 1983, o presidente do Chelsea, Ken Bates, propôs que os torcedores fossem rodeados por uma cerca elétrica de 12 volts que lhes causaria choques se tentassem sair de seu setor.

— Iam nos tratar como se trata um animal – diz Alan.

Só a intervenção do governo local impediu que esse plano fosse posto em prática. Mas o dano em matéria de relações públicas já estava feito.

Até a década de 1990, grande parte da elite social da Inglaterra tratava o futebol com desdém. Antes de Rupert Murdoch tentar adquirir o Manchester United, ficou famoso o rótulo que seu jornal *Sunday Times* atribuía ao futebol: "um esporte de favela praticado por favelados". A primeira-ministra britânica Margaret Thatcher, principal defensora dos supostos valores da classe média, exibia mais do que ninguém o seu desprezo. Kenneth Clark, amigo íntimo da Dama de Ferro, disse que ela "via os torcedores de futebol como inimigos internos". Durante grande parte de seu mandato, ela demonstrou abertamente o desejo de declarar guerra aos *hooligans*. E em 1989 seu governo teve o pretexto ideal para agir: no Estádio Hillsborough, em Sheffield, 95 torcedores que assistiam à partida entre o Liverpool e o Nottingham Forest foram asfixiados contra as cercas das arquibancadas superlotadas que ocupavam. Em resposta a essa carnificina, uma comissão governamental exigiu que os estádios transformassem as arquibancadas, nas quais os torcedores eram obrigados a ficar em pé, em assentos, como os de um teatro. O policiamento dos estádios enfim se tornaria um assunto sério, com câmeras de vídeo registrando todas as brigas e hinos.

As novas exigências transformaram a economia do esporte. Para financiar a reconstrução de seus estádios, os antigos proprietários, na maioria pequenos empresários que se fizeram por conta própria, importaram montanhas de capital novo. Grande parte dele veio de espertos investidores urbanos que percebiam que o futebol tinha um mercado cativo gigante e sólidas fontes de lucro inexploradas. As novas instalações incluíam luxuosas suítes executivas alugadas a grandes empresas. Os clubes lançaram ações na bolsa de valores, aumentaram o preço dos ingressos e venderam os direitos de transmissão dos jogos da Liga ao serviço de TV por satélite de Rupert Murdoch. O plano funcionou perfeitamente. Um novo tipo de torcedor, mais abastado, começou a freqüentar os jogos em estádios mais seguros e confortáveis. Pela primeira vez, viam-se muitas mulheres nas arquibancadas.

Mas essas mudanças tiveram um custo. A nova clientela acabou com a antiga atmosfera de classe operária turbulenta. Ao explicar essa transformação, Alan evocou uma época em que "dez mil homens vinham ao estádio".

— Seis mil estavam prontos para brigar. O resto vinha ver a briga. Certo, eles diziam que ficavam enojados. Mas se você lhes perguntasse depois no *pub*: "Você viu a briga ou o jogo?" – Inclina-se e faz uma voz pedante. — "Ah, é claro, a briga." – Ele ri de sua própria observação. — Agora as pessoas só querem ir ao jogo para poderem dizer – retoma o estilo pedante – "Vejam só, estou por dentro. Vou ao Chelsea." Quando me levanto para cantar, eles me mandam sentar.

Sem saber, Alan sintetizou a essência do argumento cultural contra a globalização utilizado por Naomi Klein, autora de *No logo*, pelo agricultor francês Jose Bové, o destruidor de McDonald's, e por inúmeros outros: o capitalismo das multinacionais priva as instituições locais de seu caráter local, homogeiniza, destrói tradições e destitui os proletários e camponeses nativos das coisas de que mais gostam. É fácil entender como esse argumento se aplicaria ao futebol inglês de maneira geral, e particularmente ao Chelsea. Quando fui a um jogo no Stamford Bridge, estava acompanhado de um banqueiro norte-americano e sua namorada latino-americana. Nós nos sentamos numa parte do estádio que Alan Garrison um dia dominou com seu bando de desordeiros. Mas em comparação com os torcedores de Glasgow, com suas músicas ofensivas, a torcida do Chelsea parecia a platéia de uma sinfonia, com apenas uns poucos fortões murmurando obscenidades incendiárias a meia-voz. Conscientemente, falavam suas vulgaridades para si mesmos, de modo que os policiais que vigiavam a multidão com suas câmeras manuais não pudessem vê-los e assim não tivessem motivo para privá-los de seus ingressos (Alan perdera os seus duas vezes).

Mas é possível exagerar a mudança e o argumento contra ela. Para início de conversa, o esporte não se tornou yuppie por completo. Evidentemente, os ingressos podem ser caros no Chelsea – cerca de 50 dólares –, mas seu preço não é proibitivo. Mesmo na elegante West London, talvez a área mais yuppie de toda a Grã-Bretanha, o Chelsea ainda consegue atrair uma torcida amplamente constituída de gente da classe operária. A principal diferença é que é uma torcida integrada – administração e mão-de-obra, coletor de lixo e executivo da publicidade –, todos juntos. No curso da história inglesa, pode ser um passo revolucionário.

Em resposta à ascensão do poder empresarial, há uma inclinação natural a acreditar que nem sempre o interesse próprio regulou o mercado. Os jornalistas ingleses especializados em futebol freqüentemente retratam os antigos donos de clubes como cidadãos bem mais benevolentes e dotados de espírito público, fazendo o bem a seus amigos da classe operária. Mas essa é uma nostalgia por um mercado social que nunca existiu. Antes dos anos 1990, havia tão pouco dinheiro no esporte que os donos deixavam os estádios transformarem-se em condenáveis armadilhas à segurança. Com efeito, tratavam os torcedores como se suas vidas fossem descartáveis. Sua negligência resultou na falência total, a teoria *broken-windows* da decadência social aplicada em um microcosmo.* Os torcedores também começaram a pensar na vida como algo descartável, e se espancavam cruelmente a cada fim de semana. Lamentar o desaparecimento dessa antiga cultura exige a sentimentalização grosseira das tradições e da atmosfera do passado. Na verdade, esta é uma importante característica do debate sobre a globalização: a tendência a glorificar todas as coisas nativas, ainda que mereçam ser deixadas no passado. Assim, de certa maneira, a nostalgia de um *hooligan* por sua juventude constitui o tipo mais honesto de nostalgia.

---

*Teoria elaborada em 1982 por George Kelling e James Wilson, segundo a qual pequenas desordens provocam uma espiral de decadência, levando a conseqüências bem mais sérias. (N.T.)

III.

Antes de me encontrar com Alan Garrison, eu tinha mergulhado em seus escritos. Surfando pelos sites do Chelsea, me deparei com uma página mantida por ele com excertos de *We're the North Stand* [Nós somos a Ala Norte], um livro inédito de memórias romantizadas de seus primeiros tempos como *hooligan*. No manuscrito, ele se descreve como Alan Merrill – um *nom de plume* que o distingue de seu nome de guerra, o qual, por sua vez, o afasta de quaisquer confissões auto-incriminatórias.

Garrison escreve com surpreendente clareza e exuberância. Mas como romancista apresenta algumas deficiências. O personagem, Merril, tem uma inacreditável tendência a intervenções altruístas em que salva do perigo espectadores inocentes. Ele ganha batalhas como um super-herói enfrentando inimigos comuns. ("Um [*hooligan*] revida o ataque de Alan com um soco desesperado, e este o apara com facilidade antes de agarrar o pulso estendido. Então, rapidamente imobiliza o jovem, usando a si mesmo como ponto de apoio, e lança o corpo indefeso contra a parte alta do portão.") Apesar disso é, de muitas maneiras, um surpreendente exemplo de auto-sociologia. Garrison não tenta elevar seus amigos à condição de rebeldes lutando por uma causa grandiosa ou monstros agindo em função de patologias da pobreza. São apenas sujeitos comuns lançados num mundo de violência do qual não têm particularmente nenhuma vontade de escapar.

Garrison é um pensador dos *hooligans*, um leitor cuidadoso da história e dos jornais militares e um helenista dedicado que passa o tempo livre mergulhado em obras sobre Alexandre o Grande. Não o admite, mas deve ficar aborrecido pelo fato de não ter pensado antes em escrever suas memórias. No momento em que pôs a caneta no papel, três de seus amigos já tinham enviado manuscritos a editoras. Steve "Hickey" Hickmont, que assumiu o lugar de Alan na hierarquia do Chelsea durante o tempo que ele passou na prisão, havia publicado *Armed for the match*. Seu amigo Chris "Chubby" Henderson escreveu outro livro de memórias.

Um terceiro companheiro, de nome Martin King, chegou às prateleiras com *Hoolifan*, uma perspectiva diferente sobre a mesma história. Convencido de que tinha sua própria versão explosiva para contar, Garrison enviou seu manuscrito aos editores de seus amigos. Mas estes tinham trabalhado com colaboradores, enquanto Garrison escreveu sozinho. Talvez esperasse que a autenticidade de sua voz inalterada lhe desse uma vantagem na competição. Não deu. Ele recebeu amáveis rejeições – a única maneira de realmente rejeitar um *hooligan*.

— Disseram-me que era muito violento e direitista.

Se fossem honestos, contudo, os editores teriam lhe dado outra explicação. O mercado simplesmente não tinha espaço para outro livro de memórias sobre o hooliganismo – ou pelo menos não devia ter. Além dos livros sobre o Chelsea, *hooligans* do Inner City Firm de West Ham, do Soul Crew de Cardiff City, do 657 Crew de Portsmouth e de quase todos os outros clubes grandes e pequenos haviam produzido suas próprias e tediosamente repetitivas memórias, sob títulos como *Want some aggro?* e *City psychos.* Hoje, as seções de esportes das livrarias de Londres compõem-se em grande parte de literatura *hooligan*. O gênero vai muito além desses relatos na primeira pessoa. Dois irmãos chamados Dougie e Eddy Brimson, cujos livros os mostram na capa com as cabeças devidamente raspadas e se esforçando comicamente para apresentar um olhar ameaçador, estabeleceram uma franquia para a publicação de estudos de antropologia sobre a violência no futebol. Seus trabalhos trazem amplas citações de *hooligans* e títulos como *Eurotrashed* e *Capital punishment: London's Violent Football Following.* Um romancista chamado John King escreveu uma prateleira de obras de ficção sobre os *hooligans,* a maioria focalizando o Chelsea. Outra prateleira inclui livros sobre a moda *hooligan* e a economia subterrânea desses grupos, assim como trabalhos de acadêmicos esperando tirar proveito de sua sedutora especialização.

Em menor escala, o *hooligan* inglês tornou-se, tal como o *gangsta rapper* e o mafioso, um criminoso glamourizado e marquetizado. Quando a BBC quer aumentar a audiência, leva ao ar um de seus muitos documentários sobre os *hooligans*. A cada mês, ao que parece, uma das revistas masculinas da Grã-Bretanha apresenta uma matéria documentando um novo tipo de hooliganismo doméstico ou suas crias estrangeiras. Eu não tinha consciência da real amplitude desse fenômeno até ir vê-lo pessoalmente em Chelsea. Caminhando pela rua Fulham, passei por um camelô que exibia uma coleção de bonés e broches com caveiras e ossos, o famoso símbolo da gangue dos Headhunters. Vi um adolescente de cabelo espigado usando uma camiseta azul da gangue. Os seguranças do estádio devem ter se sentido desconfortáveis ao deixá-lo entrar, sabendo que um verdadeiro *hooligan* não seria tolo o suficiente para se apresentar perante eles com tal publicidade.

A indústria dos *hooligans* só começou no final dos anos 1990, quando a renovação do futebol inglês já estava a pleno vapor, num momento em que o hooliganismo tinha deixado de florescer em sua forma tradicional. Evidentemente, os *hooligans* ainda brigavam, e não apenas dentro dos estádios. Alan explicou-me a mecânica da luta:

— Você chama o líder do outro grupo e diz: "Te encontro às duas na Trafalgar Square." E então você fica na esperança de que a polícia não chegue lá antes da coisa terminar. Às vezes dá para ir até o fim. Às vezes você vê os tiras e vai embora.

Para Alan, esse novo modo de hooliganismo com hora e local combinados estragou o prazer da arte pura. Era muito mais divertido quando as lutas ocorriam nos corredores estreitos dos estádios ou nas arquibancadas. E, com todos esses arranjos prévios, "a luta perdeu toda a espontaneidade". Ele coloca a questão existencial do *hooligan* moderno:

— Se a violência do futebol não ocorre no estádio, será que é mesmo violência do futebol?

Ainda que lhe custe admiti-lo, ele acredita que o hooliganismo foi domesticado, ou pelo menos o suficiente para se tornar um objeto de fascínio e adoração.

É possível entender por que o mercado pode desejar o *hooligan*. No nível mais elementar, ele é um rebelde romântico, disposto a se arriscar fisicamente e a enfrentar a polícia. Não apenas um niilista. Luta pelas cores de seu clube, as mesmas que o torcedor médio, cumpridor da lei, também venera. E é por ser tão semelhante que o *hooligan* fascina tanto. Por que será que alguns torcedores – pessoas que fazem parte da Inglaterra liberal e pacífica – abandonam de tal forma a moral convencional e se transformam em delinqüentes?

A literatura *hooligan* não tenta responder essa pergunta de maneira analítica. O modo adotado é o confessional e se destina a chocar. (Citando um trecho do texto de Alan escolhido ao acaso: "O corpo cai com o rosto para baixo sobre a plataforma, o sangue esguichando de um corte profundo na parte de trás do crânio.") No entanto, os autores sentem necessidade de justificar o comportamento violento. Podem ter abandonado a moral convencional, mas ainda vivem perto dela. Tipicamente, os *hooligans* se descrevem como praticantes de uma violência virtuosa: nunca atacam espectadores inocentes e jamais usam armas. Com muita freqüência, o desejo de se desculparem se combina com o imperativo narrativo de chocar, produzindo um texto cômico, repleto de "pofs" e "pafs".

Garrison, como todo o resto, desinfeta a história, omitindo alguns dos detalhes biográficos mais interessantes. Isso é muito ruim, pois a história é muito boa. Desde os primeiros tempos como *hooligan* do Chelsea, ele se tornou um viciado confesso na violência e na adrenalina que a antecede.

— O medo é como droga – diz ele. — Existe uma linha muito tênue entre ser herói e ser covarde. É melhor que sexo. Também dura mais.

Ele decidiu que queria uma carreira capaz de proporcionar excitação em doses regulares. Depois da escola, na *Swinging London* dos anos 1960, ele rejeitou o emergente espírito hippie da época e se alistou no Exército. Mais especificamente, apresentou-se como voluntário numa unidade das forças especiais de elite que lhe daria o máximo de oportunidades de praticar sua amada arte da violência.

Alan começou a viver uma estranha vida dupla. Durante a semana, e por grande parte do ano, servia a seu país. Por vezes isso envolvia participar de missões secretas, combatendo e treinando exércitos cujas identidades ele reluta em divulgar. Nos fins de semana, voltava às brigas de adolescente em torno do futebol. Ele supõe que o Exército soubesse disso – como não saberia, com sua longa lista de crimes? – mas não se preocupasse muito com seus estragos de fim de semana desde que cumprisse seus deveres nos dias úteis. Como parte dessa vida dupla, Alan começou a seguir algumas convenções. Casou-se e teve uma filha. Embora a mulher lhe implorasse para abandonar a violência, ela não tinha poder para impor seu argumento. Na época em que se conheceram, ela havia ouvido falar dele "por um amigo que trabalhava com ela".

— Nos conhecemos na festa de Natal de uma empresa. Eu me apresentei e ela disse: "Não quero conhecer você. Você é um *hooligan*, cacete."

Ela jamais poderia acusá-lo de propaganda enganosa.

Suas duas vidas alimentavam-se mutuamente.

— Fui treinado para lutar e não conseguia evitá-lo – diz ele.

Seus companheiros também não conseguiam. Garrison conta que oito colegas de Exército juntaram-se a ele nas fileiras dos *hooligans*. Introduziram na luta certo grau de profissionalismo. Numa viagem aos Estados Unidos, Garrison contrabandeou aparelhos radioamadores, então ilegais na Inglaterra, e os usava para coordenar as agressões. Os soldados *hooligans* mapeavam cuidadosamente os estádios e cercanias. Alan ficava na retaguarda das ações de coação e rastreamento, usando binóculos e aparelhos de radiocomunicação.

— Éramos a brigada de incêndio. Quando alguém se via em perigo, precisava de ajuda, nós aparecíamos e resolvíamos a situação.

Mas havia tensão entre as duas vidas de Alan, e em 1977 elas deixaram de ser compatíveis. O Chelsea viajou para jogar em Plymouth, no sudoeste da Inglaterra. Ao terminar o jogo, Garrison e seus amigos começaram a abrir caminho em direção ao setor reservado aos torcedores de Plymouth. Garrison lutava com um adversário quando, sem que percebesse, um cano de ferro se materializou, atingindo-o na base do crânio e na mão. Para azar do atacante, ele não conseguiu fazer com que Garrison perdesse a consciência, e este, novamente de pé, tomou-lhe o cano e começou a se vingar. Com um golpe no rosto, ele arrancou o olho do adversário.

— Ele ficou preso por um fio – admite Alan.

Para seu azar, um policial chegou ao local nesse momento, com o olho e o cano pesando fortemente contra os protestos de inocência de Alan.

Quando foi a julgamento, Garrison forneceu ao tribunal radiografias da mão quebrada e do crânio fraturado para provar que tinha agido em legítima defesa. Essas evidências, contudo, não derrubaram o testemunho de um agente da lei. O juiz condenou Garrison à prisão por tentativa de assassinato. Ele deixou a família para passar quase cinco anos na penitenciária de Dartmoor.

IV.

Em minha visita seguinte a Londres, Garrison me encontrou na estação do metrô de Finchley Road, perto de sua casa. Caminhamos pela rua até o Weatherspoon's Pub. Quando tirei a carteira para pagar, ele a empurrou.

— Sou judeu, mas nem tanto. Da última vez você pagou.

Alan usava uma camiseta com escorpiões desenhados a aerógrafo que tinha comprado alguns anos antes num mercado perto de São Francisco. Ele me disse:

— Comprei por 75 dólares diretamente do artista. Depois descobri que foi muito bom negócio.

As conversas com Garrison levavam invariavelmente de volta à Bay Area. Nos anos 1980, depois de sair da prisão, ele seguiu carreira como *designer* gráfico, especializando-se em videogames. Quando um de seus amigos aportou no Vale do Silício, bem a tempo de aproveitar o *boom* das empresas pontocom da década de 1990, Alan o acompanhou à Califórnia. Por um milagre, o Serviço de Imigração e Naturalização fez vista grossa para as suas condenações e lhe concedeu um visto de trabalho. Ele comprou uma casa nos subúrbios de São Francisco.

— E então, como é que foi o *boom* das pontocom?

Ele fez uma rara pausa para pensar a respeito e depois respondeu com uma falsa conclusão.

— Meu Deus, mas as mulheres de lá são tubarões. Quando você está sentado num bar, elas ficam rodeando como moscas em volta da sujeira. Um dia eu estava batendo papo com uma garota e ela disse: "Você vem comigo para minha casa?" Aí ela abriu a bolsa e tirou uma coisa. "Este é meu certificado de aids. Fiz o teste." E eu faço uma cara de quem não está entendendo. Ela repete: "Fiz o teste." E eu digo: "Quando?" "Três semanas atrás", responde ela. E eu digo: "Com quantos caras você já esteve depois disso? Dane-se." – Ele balançou a mão, rindo de sua história. — As mulheres de lá parecem tubarões, especialmente em relação a quem tem sotaque britânico.

Em seu livro, ele relata muitas cenas de sua vida na Califórnia e as justapõe a sua vida na Inglaterra. O contraste é grande. Mas Alan também se atribui o mérito de estabelecer pontes culturais. Da primeira vez que nos encontramos, ele usava uma jaqueta do Oakland Raiders. Era um traje totalmente adequado. De todos os times de futebol norte-americano, o Raiders tem a reputação de reunir torcedores carrancudos, da classe operária, que se parecem muito com os *hooligans* ingleses. Durante o ano que passou nos Estados Unidos, Garrison torceu pelo Raiders com tanto fervor quanto lhe era possível em relação a qualquer organização que não fosse o Chelsea.

— Tentamos ensinar a eles como se comportar como verdadeiros *hooligans* – disse.

Num jogo em São Francisco, Alan organizou a torcida do Raiders numa "corrida" pelo estacionamento, distribuindo socos e afirmando seu domínio sobre a torcida local, que continuava virando salsichas de cachorro-quente em suas grelhas portáteis.

— Eles nem souberam o que os atingiu.

A Califórnia, com seu estilo liberal, dificilmente seria um lugar adequado para um *hooligan* do Chelsea. Mais que um clube, o Chelsea tem sido associado à direita neonazista. Eu tinha acabado de ver um documentário mostrando como muitos *hooligans* do Chelsea – gente conhecida de Alan – visitam campos de concentração em viagens de turismo de modo a poderem admirar as realizações de Hitler. Eles fazem a saudação "*sieg heil*" para outros turistas e roubam objetos da parafernália dos campos de concentração para suas coleções pessoais. Em Londres, forneceram segurança pessoal a David Irving, um negador do Holocausto.

Essa história do hooliganismo inglês poderia ser contada de modo mais adequado como uma versão distorcida da cultura jovem predominante. A princípio, quando Alan estava no auge, os *hooligans* imitavam a rebelião apolítica da fase inicial dos Beatles na linha "I Wanna Hold Your Hand". Tudo era motivo para uma boa risada, só por diversão. Depois, nos anos 1970, começaram a mergulhar no radicalismo político. Só que, como praticantes do ódio e da violência, não era verossímil que os *hooligans* se juntassem ao bando da paz e amor. Foram na direção oposta, tornando-se a vanguarda do movimento nacionalista protofascista britânico. E exatamente quando o movimento jovem enveredou pela irracionalidade, pelo niilismo e pelo punk, o movimento do Chelsea se tornou ainda mais irracional, niilista e punk. Durante a época em que Alan esteve preso, admirar os nazistas tornou-se uma virtude.

Com o crescimento numérico, os *hooligans* do Chelsea começaram a se subdividir em grupos chamados "firmas". O mais famoso deles assumiu o nome de Chelsea Headhunters. Depois de seus ataques, deixavam um cartão com o logotipo da caveira e dos ossos e os dizeres: "Você foi indicado e tratado pelos Chelsea Headhunters." Além de se associarem à extrema direita, os Headhunters se ligaram a elementos criminosos. Começaram a vender drogas e usaram outras atividades criminosas para enriquecer. Tal como os Blood e os Crips, que fizeram fama nas ruas de Los Angeles, gastavam seu dinheiro em carros luxuosos e roupas de marca.

Outro grupo formou uma coalizão de *hooligans* de diferentes times chamada Combat 18, alcunha derivada de uma equivalência numerológica com o nome de Adolf Hitler: o A foi substituído pelo 1 e o H é a oitava letra do alfabeto. Originalmente, o grupo fazia parte da força de segurança do Partido Nacional Britânico, de orientação racista, que obteve um aterrorizante sucesso explorando a xenofobia para fins eleitorais. Mas no início dos anos 1990 o Combat 18 desiludiu-se com a suavidade do PNB, ainda que o partido sem dúvida admirasse os nazistas. O Combat 18 impacientou-se com o fato de o PNB adotar uma política eleitoral reformista. Queriam a Revolução Branca e explodiram bombas em bairros de imigrantes, instigaram conflitos raciais em Oldham e planejaram seqüestrar a atriz esquerdista Vanessa Redgrave.

Embora Alan se identificasse como direitista, também apresentava suas idéias políticas como razoavelmente moderadas. A maioria de suas opiniões poderia ser defendida por um intelectual conservador num *talk show* televisivo. Mas, é claro, ele também provinha do mesmo ambiente que o Combat 18. Muitos dos componentes do núcleo pesado da direita terrorista tinham precisamente o seu perfil demográfico. Alguns desses delinqüentes tinham até servido nas forças especiais, tal como ele, antes que a polícia os apanhasse. Então perguntei:

— E o Combat 18?

Algumas vezes, quando se tratava de assuntos delicados, Alan me pedia para desligar o gravador e largar a caneta. Mas dessa vez ele não fez isso. Colocou de lado o copo de coca-cola.

— Em primeiro lugar, toda essa coisa racista é papo-furado. São nacionalistas. Existem negros no Combat 18 ... É o que eu digo sobre toda essa coisa de racismo: é papo-furado. Se alguém chega aqui como o Kojak (um *hooligan* negro do Chelsea), ele se considera inglês. Fala com sotaque inglês. Diz: "Fui criado aqui. Sou inglês. Não dou a mínima se meus pais nasceram no Caribe." Ele luta por qualquer coisa que seja inglesa. E está no Combat 18, que é de direita. Não é a direita racista. É a direita nacionalista.

Alan é muito enfático quanto a isso.

— E com relação aos judeus? Com relação aos Yids do Tottenham? Isso o incomoda?

— Ninguém me incomoda. Fazem piadas, mas eu mesmo faço piada sobre o fato de ser judeu.

Enquanto ele fala, eu penso no documentário que vi na noite anterior: a imagem dos *hooligans* do Chelsea enviando cartões-postais de Auschwitz a um militante antifascista na Inglaterra: "Gostaria que você estivesse aqui para que pudesse me ver mijando nos ossos de sua mãe."

V.

A nova economia pode não ter sobrevivido aos anos 1990, mas deixou atrás de si uma nova profissão: o consultor. Toda indústria tem um. Por que o hooliganismo seria diferente? Embora Alan não lute mais regularmente, ele e outros *hooligans* semi-aposentados do Chelsea aconselham e monitoram um grupo de adolescentes que se atribuiu o nome de Youth Firm.

— Nós os ajudamos no planejamento. E quando a coisa rola ficamos na retaguarda com mapa e celular.

Os *hooligans* mais velhos interferem nas operações dos jovens porque relutam em dar adeus a todos os prazeres da batalha – e estão cheios da nostalgia de sua própria juventude. Também têm um senso de obrigação para com a instituição que os alimentou por tanto tempo.

— Sentimos certa responsabilidade pelos garotos – disse Alan. — Queremos que tenham êxito. Eles são o Chelsea. E nossa experiência pode lhes ser útil.

Tal como uma associação de ex-alunos de uma universidade, os *hooligans* semi-aposentados fazem questão de permanecer unidos. Mantêm-se em contato por meio de uma rede de mensagens, na qual discutem a Youth Firm, compartilham histórias de guerra e opiniões sobre seu amado clube. Não surpreende, para um grupo que tem saudade do passado, que grande número de suas mensagens diga respeito à maneira como cada um se viu representado nas memórias publicadas pelos companheiros. Eles são especialmente sensíveis às descrições do Chelsea nos livros escritos por torcedores de clubes rivais. Em resposta às memórias de um *hooligan* do Hull City, um sujeito que se intitula "Monkey hanger" repudia a bravura do autor do livro: "Monte di babaca di merda nois tomamo a cidade, eles ficaro naquele pubzinho o bacalhau di prata onde tava seguro ... sobre o livro não digo mais nada, papel higênico mi vem a mente." Depois de ler as memórias de um torcedor do West Ham United, alguém contesta, fulminante: "Pura Ficção! A Única Forma de Vencerem o Chelsea."

Quando o barão judeu russo Roman Abramovich comprou o Chelsea, entrei na Internet para ver a reação na rede de mensagens – e ver se Garrison iria dar sua opinião. A rede faz questão de declarar: "Bem-vindo à rede de mensagens do Chelsea. Esta rede não se presta para fins de organizar a violência ou expor comentários racistas". Desnecessário dizer que essa advertência não impede exatamente o anti-semitismo. Quase em seguida à aquisição do clube por Abramovich, um sujeito chamado West Ken Ken reclamou: "Gosto do dinheiro, mas a estrela de Davi estará tremulando na ponte [de Stamford] logo, logo." Alguns comentários esparsos endossavam os sentimentos de West Ken Ken. Considerando-se alguns ataques ao Tottenham saídos de sua boca é, de certo modo, surpreendente que Garrison se mostrasse sensível a esse acesso de ódio aos judeus. Ele apareceu na rede e dedicou a West Ken Ken uma severa e pedante reprimenda: "Ser um Yeed significa que você aceita essa merda [do Tottenham]. Forma totalmente diferente [*sic*] é ser um judeu, você sabe, os caras que dão porrada nos muçulmanos." É uma resposta brilhante. Ela invoca a idéia de *Muskeljudentum*, dos israelenses que dão porrada, para defender seu povo nos termos próprios dos *hooligans*. E a única resposta aceitável para Garrison é: "Sim, esqueci que você pertence à raça escolhida."

Quanta violência Alan ainda pode causar? Ele diz que iniciou uma segunda carreira como "soldado da fortuna", trabalhando para uma empresa alemã que contrata mercenários. Mencionou seu trabalho na Croácia e em Kosovo. Em sua última viagem aos Bálcãs, disse à mulher que iria apenas treinar soldados, não lutar.

— Ela pensava que eu estivesse muito velho e fora de forma para fazer isso.

Mas, no seu retorno, ele estava sentado em casa com a mulher, mudando de canais, quando deram por acaso num documentário sobre a guerra de Kosovo. A cena de abertura mostrava Alan no meio de uma batalha.

— Ela não ficou muito satisfeita comigo aquela noite.

Esses dias de luta agora são provavelmente parte do passado. Mas Alan afirma que não se aposentou por completo do hooliganismo. Umas quatro vezes por ano, em geral depois de partidas contra o Tottenham, ele diz que sai por aí para distribuir uns socos. Eu não sabia se devia acreditar nele. A melhor maneira de avaliar, pensava eu, era vê-lo em seu hábitat natural. Queria ver qual era o grau de intimidade dele com os *hooligans* da ativa.

Num dia de jogo, eu me encontrei com Alan e seus amigos num bar localizado no segundo andar de um shopping center não muito distante de Stamford Bridge. Alan tomou uma coca e se dirigiu a uma das mesas. Ele me apresentou a Angus, seu melhor amigo, e me lembrou das aparições deste no seu livro. Angus trouxera consigo sua filha de vinte e poucos anos. Os três riam das piadas sujas que ele recebia por mensagens de texto em seu celular. Ao lado havia uma mesa cheia de outros amigos de Alan. Só a filha de Angus estava de uniforme.

— Nós preferimos não nos identificar. Gostamos de poder nos misturar com a multidão – disse Alan.

Mas, com base no comportamento e na aparência, esses personagens não pareciam malfeitores ativos. Na verdade, não pareciam ter se levantado com muita freqüência de seus sofás, muito menos ter dado joelhadas em violentos sociopatas.

Eu disse a Alan que tinha visto torcedores do Manchester City, o adversário daquela semana, num *pub* mais adiante na mesma rua.

— Estão sentados do lado de fora, bebendo. Vão permitir que façam isso? Ninguém vai lhes dar uma lição?

Descrevi para Alan a fachada do *pub*.

— É um *pub* do Chelsea – disse ele. Virou-se e disse a um de seus amigos, em tom de ultraje: — Frank diz que havia torcedores do City aqui na rua. Estavam num *pub* do Chelsea.

Da outra mesa, seu amigo me procurou com o olhar. Estava coletando dinheiro com o grupo para alugar uma van que os levaria a Liverpool na semana seguinte.

— Alan ainda teria energia. Se os caras do Tottenham estivessem aqui, ele poderia até dar umas porradas. – Ele revirou os olhos.

Além disso, mesmo que não fossem velhos demais para fazer isso, ainda assim não seriam suficientemente loucos para se colocarem nesse tipo de situação, brigando tão perto do estádio. Esse estilo de batalha é uma memória distante. Há muitos policiais rondando *pubs*.

Alan e eu atravessamos o salão na direção de Angus e sua filha. Angus agora estava um pouco embriagado e o leão-de-chácara tentava acomodá-lo numa cadeira, onde não atrapalhasse a passagem dos garçons.

Angus começou a contar a história de uma viagem a Nottingham Forest.

— Éramos só dois de nós e dois deles. Os tiras nos viram encostados um no outro. E acharam engraçado. Estavam rindo pra cacete. Deixaram que ficássemos apoiados um no outro. É claro, esse cara aqui – apontou para Alan – começou a atacar o baixinho, eu peguei o grandão. – Imitou um homem flexionando os músculos. — Eu pulei em cima dele e lhe arranquei a orelha com uma mordida.

Virou-se para a filha, que se dobrava de rir, e terminou de contar sua história.

— Bons tempos! – disse Alan.

E assim continuaram eles, apresentando cada história com uma intensidade insana e cenas de incrível dramaticidade.

Poucos minutos depois, começamos a caminhar com a multidão. Ao descermos a escada rolante, Alan ergueu a calça para mostrar uma bota de caubói com biqueira de aço.

— Bom pra dar um chute.

Ao chegarmos lá embaixo, Angus, caindo de bêbado, inclinou-se sobre mim e murmurou:

— Mas qual foi a última vez que foram usadas para chutar?

5 COMO O FUTEBOL EXPLICA a sobrevivência dos cartolas

I.

Quando marcam gols no estádio de São Januário, no Rio de Janeiro, os jogadores têm visões da crucificação. Menos de 20 passos atrás do gol, uma cruz de madeira escura se projeta do vitral de uma capela ao estilo modernista de meados do século passado em honra a Nossa Senhora das Vitórias. Alguns passos à esquerda, perto da linha do escanteio, há um pequeno jardim cheio de pedestais com estatuetas em concreto da Virgem Maria e outros ícones. É assim que o resto do mundo espera que esse esporte seja praticado no Brasil, o berço da civilização futebolística: de maneira transcendental.

São Januário pertence ao Vasco da Gama, e o estádio em si é um santuário do futebol brasileiro. Por toda a história registrada do clube, seus jogadores têm encarnado perfeitamente o temperamento dionisíaco dos cariocas – como Romário, o astro da Copa do Mundo de 1994. Ele compensa sua indisfarçável aversão a correr com o dom de iludir seus adversários. Muito tempo atrás, como me contam todos os jornalistas do Rio, seus técnicos pararam de lhe implorar para abandonar a praia, afastar-se do bar e juntar-se ao time nos treinamentos.

Em 2002, Romário trocou o Vasco por um time rival da mesma cidade. Desde então, o principal ícone de São Januário não é mais um jogador. Seu rosto pode ser visto pouco acima de Nossa Senhora das Vitórias, num *outdoor* pendurado numa torre adjacente ao campo. É o rosto carrancudo de um homem de cabelo ralo e grisalho, com papada e pesados óculos de armação dourada. Seu nome é Eurico Miranda, deputado federal e presidente do

Vasco da Gama. O cartaz o anuncia como um "símbolo da resistência". Nas minhas visitas a São Januário, vejo esse símbolo por toda parte. Cartazes da sua campanha à reeleição – "uma voz contra os poderosos" – cercam a parte externa do estádio. Do outro lado da rua, em frente ao portão principal, um Ford Escort com alto-falante no teto toca um samba que proclama: "Eurico é o candidato dos pobres." Ao entrar no estádio, um inevitável estandarte no centro de campo apregoa: "Paixão pelo Vasco, devoção a Eurico!"

Os norte-americanos chamam seus clubes desportivos de "franquias". Os brasileiros jamais tolerariam o uso desse termo. Tem muitas associações com organizações comerciais, como cadeias de lanchonetes e lavanderias. Em vez disso, os brasileiros chamam seus times de "clubes", pois a maioria deles realmente o é. Eles têm piscinas, restaurantes, quadras de tênis, jardins cobertos por palmeiras e sócios que pagam mensalidades – lugares para a classe média passar uma tarde de sábado. Embora paguem seus jogadores, os clubes mantiveram sua condição de entidades amadoras sem fins lucrativos. Isso significa que suas contas não estão sujeitas à fiscalização pública, e que seus executivos não mantêm uma contabilidade legal. Em suma, suas diretorias constituem o refúgio perfeito para pessoas mal-intencionadas. Estas se tornaram de tal forma integradas ao futebol brasileiro que todos as chamam pelo apelido: cartolas. Como parte da estrutura amadora do esporte, os cartolas geralmente não recebem salários. Supostamente trabalham por seu cavalheiresco amor ao clube. Na prática, contudo, eles muitas vezes "retiram" do patrimônio do time a recompensa por seus esforços voluntários.

Quando Eurico Miranda entrou para a diretoria do Vasco, em 1975, aos trinta e poucos anos, era um homem de recursos limitados. Filho de um padeiro português, tinha trabalhado como vendedor numa concessionária carioca da Volkswagen. Mas, com seu carisma e habilidade política, não demorou a subir na hierarquia do Vasco. Isso mudou sua vida. Comprou casas à beira-mar, além de um iate. Não se trata de uma história de riqueza obtida com os próprios esforços. Atualmente, a imprensa brasileira e uma investigação promovida pelo Congresso têm documentado os delitos de Eurico Miranda. Em 1998, o Vasco recebeu 34 milhões de dólares em dinheiro do NationsBank (atual Bank of America), ávido por estabelecer o seu nome no grande mercado brasileiro por meio do patrocínio de uma marca esportiva popular. Quando o banco assinou o contrato, anunciou que o dinheiro seria suficiente para sustentar o clube por 100 anos. Dentro de dois anos, porém, essa quantia havia praticamente desaparecido. Cerca de 124 mil dólares tinham sido usados na compra de camisetas e material de propaganda para a última campanha eleitoral de Eurico Miranda. Doze milhões foram parar em contas de uma empresa das Bahamas chamada Liberal Banking Corporation Limited. A companhia era mesmo muito liberal, como se viu depois. Qualquer representante legal do Vasco podia sacar o dinheiro. Segundo um relatório publicado pelo Senado brasileiro, o dinheiro retirado foi usado em pagamentos da concessionária de automóveis, de investimentos empresariais, do cartão de crédito, do irmão e do provedor de Internet de Eurico Miranda. "Está claro", concluiu o relatório, "que o sr. Eurico Miranda tem desviado para suas contas dinheiro pertencente ao Vasco." Ele não tivera cuidado em disfarçar sua trilha. Não precisava. Como detinha uma cadeira no Congresso, a imunidade parlamentar impedia que o processassem. Com o apoio dos muitos torcedores do Vasco, parecia que ele iria ficar impune para sempre.

Tendo ele, contudo, esbanjado o investimento do Bank of America, o Vasco mergulhou em dívidas e na mediocridade. Em 1998, o time ganhara a Copa Libertadores da América. Três anos depois, o clube devia ao seu astro Romário 6,6 milhões de dólares em salários atrasados. Pior que isso: para manter a equipe em campo, o próprio Romário teve de tirar dinheiro do bolso para cobrir as remunerações de seus colegas de time. Desesperado por dinheiro extra, o Vasco começou a amontoar torcedores nos grandes jogos em São Januário. Na última partida de 2000, a diretoria do Vasco permitiu que a lotação máxima do estádio fosse ultrapassada em 12 mil pessoas. Depois do início de uma briga nas arquibancadas, os torcedores começaram a fugir e a cair uns sobre os outros. Despencaram na direção do campo, sendo amparados somente por uma cerca enferrujada. Quando esta se rompeu, a multidão desabou no gramado. Houve 168 feridos. Qualquer pessoa teria cancelado a partida assim que os corpos começaram a se empilhar no gramado e a ser levados pelos helicópteros. Eurico Miranda insistiu para que o jogo prosseguisse.

II.

Em vista da elegância com que o Brasil triunfou na Copa do Mundo de 2002 – Edmílson pulando de costas, como uma catapulta, num chute de bicicleta digno de um pôster; Ronaldo marcando um gol com um toque do bico da chuteira –, você não imaginaria a crise que essa paixão nacional está atravessando. Mas o estado do futebol brasileiro não poderia ser mais lamentável – não é possível ser mais corrupto, menos estimulante para os torcedores, menos interessante para os investidores. Poucos clubes operam fora do vermelho. Em 2002, o Flamengo do Rio de Janeiro, de longe o clube mais popular do país, devia mais de 100 milhões de dólares a seus credores, uma soma incompreensível na economia brasileira. Os sinais de decadência estão por toda parte. Assistindo a jogos nos estádios mais famosos do país, comprando os ingressos mais caros, eu me flagrei preocupado com lascas e pregos enferrujados projetando-se dos assentos de madeira apodrecida.

Em geral, essas condições deploráveis são atribuídas à pobreza. Mas é difícil alegar que o futebol brasileiro tenha sofrido de falta de capital. Na verdade, houve um empreendimento internacional com grande sustentação financeira para elevar a qualidade desse esporte no Brasil a um padrão semelhante ao da Europa Ocidental. Em 1999, um fundo de investimentos sediado em Dallas, no Texas, chamado Hicks, Muse, Tate & Furst despejou milhões de dólares no Corinthians, de São Paulo e no Cruzeiro, de Belo Horizonte. A ISL, empresa suíça de marketing esportivo, adquiriu uma participação no Flamengo. Poucos anos antes, a gigante italiana Parmalat, do ramo alimentício, começara a administrar o Palmeiras, de São Paulo. Esses investidores chegaram prometendo implicitamente varrer as práticas dos cartolas corruptos e substituí-las pela ética do profissionalismo, pela ciência do marketing moderno e pela preocupação com o equilíbrio no balanço das empresas. "O capitalismo está vencendo a luta contra as atitudes feudais que por tanto tempo prevaleceram no esporte", saudou o respeitado jornalista esportivo Juca Kfouri no auge do influxo de capital estrangeiro. Os jornais apresentavam previsões de que dentro de alguns anos o futebol iria gerar 4% do Produto Interno Bruto.

Quando os investidores falavam em explorar o potencial do futebol brasileiro, desejavam aproveitar um único aspecto do esporte no país: o fato de ele ser esteticamente mais agradável que qualquer outro no planeta. Nos anos do pós-guerra, quando de fato começou a competição internacional, o Brasil se tornou uma potência mundial porque jogava sem as rígidas restrições do futebol europeu. Posições, formações e defesa não eram nem de longe tão valorizadas quanto a espontaneidade, a destreza e os gols. Parafraseando o diretor de cinema italiano Pier Paolo Pasolini, enquanto o estilo europeu era prosa, o brasileiro era poesia. Os brasileiros criaram todo um novo conjunto de convenções para o jogo: passes de calcanhar, uma série de truques com a cabeça e os quadris, o gol de bicicleta.

Mas enquanto o estilo brasileiro e alguns jogadores do país prosperaram na economia global, o Brasil em si não. No mundo todo, o futebol não é conhecido pelo apego à ética. Mas os cartolas são uma casta especial. A cada vez que um astro em ascensão se torna um favorito dos torcedores, ele é vendido para Europa. Não é somente a busca cobiçosa por salários; um número substancial de brasileiros prefere jogar em ligas tão pouco glamourosas quanto as das Ilhas Faroe, do Haiti e da Albânia do que permanecer em seu país. Estão fugindo dos caprichos dos cartolas, que a cada ano modificam as regras do Campeonato Brasileiro – em geral para beneficiar os clubes politicamente mais poderosos. Como Ronaldo disse aos repórteres em 1998: "Não haveria oferta que me fizesse voltar para o Brasil agora."

Apesar da ambição e dos recursos, os investidores estrangeiros nada fizeram para mudar essa situação. Menos de três anos depois de chegarem, eles saíram derrotados do país. No Corinthians, a torcida realizou manifestações de protesto contra a Hicks, Muse por não ter cumprido a promessa de comprar grandes jogadores e construir um estádio moderno. No Flamengo, a ISL foi à falência. O capital externo não havia transformado o futebol brasileiro numa NBA do esporte global nem o livrara da corrupção. Na verdade, segundo muitos indicadores objetivos, o esporte está agora em pior estado do que quando os investidores estrangeiros chegaram. Assim, esta é mais do que uma trágica história de decadência do esporte. É um exemplo de como as facetas negativas da globalização podem solapar as boas. É um relato de como a corrupção supera a liberalização e vira Thomas Friedman* de cabeça para baixo.

III.

Tal como em qualquer história sobre o futebol brasileiro, há um lugar natural para se começar: pelo rei. Claro que me refiro a Edson Arantes do Nascimento, quer dizer, Pelé. Ele é o ponto de partida por ser um personagem central na globalização do futebol brasileiro e na luta para salvar o esporte do domínio funesto dos cartolas. Mas ele também é um bom ponto de partida porque sua biografia se confunde com a história econômica do Brasil.

Sua trajetória tem início em 1940, em Minas Gerais, numa cidade pobre chamada Três Corações. Franzino (pesava 65kg no começo da carreira), o corpo de Edson Arantes parecia mais adequado para engraxar sapatos ou revender o fumo obtido de cigarros descartados, suas primeiras ocupações. Mas ele tinha um pai determinado, Dondinho, cujas aspirações ao sucesso no futebol e à ascensão social terminaram com a ruptura dos ligamentos do joelho direito em sua primeira e única aparição como profissio-

---

*Jornalista norte-americano, colunista do *New York Times* e forte defensor da globalização. (N.T.)

nal. Desde o princípio, estava claro que Dondinho tinha motivos para encorajar o filho. Apesar de suas limitações físicas, Pelé tinha uma fantástica capacidade de chutar de ângulos impossíveis, uma forma de lidar com a bola que parecia mais uma carícia do que um drible, um estilo carismático. Por força de contusões sofridas por seus colegas de equipe, aos 16 anos ele estreou no prestigioso Santos Futebol Clube, sediado na cidade portuária de mesmo nome, cujo progresso se devia ao fato de ser o grande escoadouro das exportações de café. Em 1958, aos 17 anos, com um toque que encobriu o goleiro sueco Anders Svensson, ele ganhou sua primeira Copa do Mundo.

O Brasil é uma curiosa versão dos Estados Unidos. É um país do Novo Mundo fantasticamente vasto, rico em recursos naturais, que não ganhou a hegemonia mundial. No auge de Pelé, os anos 1950 e 1960, o Brasil resolveu conscientemente reverter essas condições. Uma série de presidentes populistas (1956-64), e depois a ditadura militar (1964-1985), puseram em prática um tipo agressivo de industrialização forçada e nacionalismo econômico, elevando tarifas, abrindo empresas estatais e encomendando projetos de obras públicas a um ritmo furioso. "Cinqüenta anos em cinco" foi o lema de tom soviético do regime do presidente Juscelino Kubitschek no final da década de 1950 e início da de 1960. O comércio foi estimulado por investimentos. Ao final do governo Juscelino, em 1961, o PIB estava crescendo a uma taxa de 11% ao ano.

Pelé tornou-se para o regime o símbolo desse *boom*, que os economistas denominaram o "Milagre Brasileiro" – prova de que o Brasil poderia tornar-se uma potência internacional em seus próprios termos, sem plagiar modelos estrangeiros. Nos anos 1970, os ditadores mostravam seu rosto em *outdoors* ao lado de seus slogans ("Ninguém segura este país!"). Nos eventos oficiais, executava-se a música tema da conquista da Copa do Mundo de 1970 pela equipe liderada por Pelé. Na volta da seleção ao Brasil, o presidente Emílio Garrastazu Médici anunciou: "Eu identifico essa vitória obtida na fraternidade da boa prática desportiva com a ressurreição da fé em nosso desenvolvimento nacional."

Tal como o país, Pelé acumulou uma pequena fortuna. Seu time, o Santos, deu-lhe um salário de 125 mil dólares, um Volkswagen e uma casa para seus pais. Ele se transformou num dos atletas mais bem pagos da época. Mas essa fortuna nunca fez dele um homem rico. Bajuladores saquearam suas contas. Um empresário espanhol chamado Pepe Gordo, apresentado a Pelé em 1965 por um colega de time, dilapidou suas finanças com uma série de investimentos em empresas sem credibilidade e imóveis indesejáveis. (Em vez de romper com Pepe Gordo, ou, melhor ainda, demiti-lo, Pelé o convidou para ser o padrinho de seu primeiro casamento.) Em outra época, ele teria recuperado rapidamente o que perdeu assinando um contrato com um time rico da Europa. Mas em 1960 o governo o declarou "patrimônio nacional não-exportável".

Pelé parece não ter assimilado as lições de seus erros. E assim os repetiu. Depois de se aposentar, em 1974, ele confiou em conselheiros que fizeram dele, inadvertidamente, o fiador de um empréstimo elevado que deu errado. "Mais uma vez, depois de todas as advertências e de toda a experiência ruim, eu tinha assinado uma coisa que não deveria", escreveu ele em suas memórias em 1977. Foi uma humilhação pública. Um ano após aposentar-se, entre despedidas sentimentais, ele voltou atrás para recuperar um pouco do que tinha perdido. Assinou contrato com o New York Cosmos, time pertencente a Warner Communications, na recém-criada Liga de Futebol da América do Norte, para jogar três temporadas por sete milhões de dólares.

Seus fracassos eram o espelho dos erros desastrosos cometidos pelo próprio Brasil. Tal como Pelé, a ditadura atraiu trapaceiros que assaltaram o tesouro nacional. E a má administração foi pior que isso. Depois do choque do petróleo de 1973, a ditadura militar insistiu em manter a economia voltada para a mesma taxa espetacular de desenvolvimento, o que significava mais gastos do Estado, ou seja, tomar empréstimos em bancos estrangeiros. Durante a década, o governo criou uma dívida de 40 bilhões de dólares. Isso desencadeou uma reação sinistra: incapaz de obter empréstimos, o governo não podia mais financiar a indústria; não podendo financiar a indústria, o Brasil foi atingido pelo desemprego. A inflação, alimentada pelos gastos estatais e acentuada pelos novos pagamentos da dívida, aumentou a pobreza dos desempregados. Ao final da ditadura militar, em 1985, o Brasil constituía um dos piores exemplos do mundo em matéria de desigualdade de renda.

Por um período entre o final da década de 1970 e o início da de 1980, a trajetória de Pelé foi diferente da do Brasil. Com o Cosmos, ele finalmente prosperava financeiramente. Em 2001 ele declarou à revista *Time* que os Estados Unidos lhe haviam ensinado que "não se pode fazer negócios com membros da família. Não se pode nomear alguém presidente de uma empresa porque ele é um amigo ou irmão. Deve-se nomear a pessoa mais capaz. Negócios são negócios. É preciso ser duro." Em outros termos, os Estados Unidos o tornaram um capitalista. De fato, um capitalista muito bom. Mesmo depois de se aposentar, com as cenas de seus triunfos ficando mais e mais esmaecidas, sua rentabilidade continuou crescendo num ritmo quase exponencial. Pelé se tornou a imagem perfeita da pós-modernidade, uma marca respaldada por companhias multinacionais. Sua figura hoje aparece em dois milhões de cartões Mastercard. Viagra, Nokia, Samsung, Coca-Cola e Petrobrás o contrataram como porta-voz internacional. A cada ano ele ganha, pelo que se noticia, 20 milhões de dólares somente de patrocínios.

É tentador vermos Pelé, com sua história de menino pobre e sua conduta invariavelmente afável, como o Steppin Fetchit* brasileiro, o garoto-propaganda empresarial idealmente inofensivo. Mas isso é menosprezar Pelé e suas ambições. Ele queria construir sua própria versão brasileira da Warner Communications. Em 1993, resolveu comprar da CBF os direitos de transmissão para o Brasil do campeonato nacional. Como o homem cuja imagem mais se associava ao sucesso do futebol brasileiro, ele estava certo de que seria recompensado por uma vida de contribuições. E para garantir

---

*Primeiro ator negro norte-americano (1902-1985) a ser reconhecido por uma platéia de brancos. (N.T.)

sua posição ele apresentou dinheiro – um milhão de dólares a mais que o concorrente mais próximo. Mas seus muitos anos de experiência na seleção brasileira deveriam ter lhe ensinado que a CBF não é governada exatamente pelas leis do mercado. Como os jornais depois noticiaram, um dos subordinados do chefe da confederação exigiu que Pelé depositasse um milhão de dólares numa conta de um banco suíço pelo direito de ter seu lance reconsiderado pela CBF. Ele se recusou e perdeu o contrato.

Ressentido e humilhado, Pelé partiu para a revanche. Falou da propina numa entrevista à *Playboy*. Não poderia atingir alvo melhor. Os investigadores do Congresso Nacional depois usariam Ricardo Teixeira como símbolo do "antigo regime" do futebol brasileiro. Um advogado pouco conhecido, sem envolvimento anterior com o futebol ou a administração desportiva, ele atingira a mais alta posição do esporte brasileiro por uma razão bastante previsível: seu sogro era João Havelange, o então todo-poderoso presidente da Fifa. Reportagens da Rede Globo revelaram quão rápido Teixeira adquirira um padrão de vida invejável, incluindo um apartamento em Miami. Enquanto cresciam as dívidas da CBF, o salário de Ricardo Teixeira cresceu mais de 300%, de acordo com a investigação do Congresso Nacional. Acusações de corrupção (nem sempre comprovadas, devemos ressaltar) o acompanhavam por toda parte.

Para os poucos cruzados anticorrupção, parecia que o salvador tinha finalmente chegado. Inimaginavelmente rico, pensavam, Pelé podia dar-se ao luxo de falar a verdade aos poderosos. Afinal de contas, ele tinha sido um garoto-propaganda com princípios morais, recusando-se a fazer anúncios de cigarros e bebidas alcoólicas. "Só ponho o meu nome nas coisas em que acredito", gostava de dizer aos repórteres. Princípios sempre foram parte da *persona* de Pelé. Quando marcou o milésimo gol, no Maracanã, em 1969, os repórteres correram para ouvir suas declarações . Ele bradou: "Lembrem-se das crianças, nunca esqueçam as criancinhas pobres do Brasil."

As críticas de Pelé a Ricardo Teixeira eram adequadas à época. A América Latina atravessava uma transformação profunda –

uma ampla revolta contra a corrupção. Após décadas de protecionismo e de inflação, ela estava pronta a rejeitar o estilo que favorecia os pares dos ditadores militares. Em seu lugar, escolheu (ou pelo menos suas elites escolheram) o neoliberalismo da escola de Washington. Na vanguarda da mudança estava o sociólogo Fernando Henrique Cardoso, convertido num improvável capitalista e num político sedutoramente informal. Nos anos 1970, ele escrevera o texto *Dependência e desenvolvimento na América Latina*, marcante na esquerda brasileira. Suas críticas ao governo militar renderam-lhe interrogatórios, detenções, a explosão de uma bomba em seu escritório e uma temporada no exílio. Mas sem o contraponto da ditadura militar, após o colapso do regime em 1985, Fernando Henrique foi se tornando cada vez menos radical. Quando se elegeu presidente, em 1994, ele se tornara o centro vital da política brasileira.

Vendo Pelé em sua luta contra os influentes da CBF, Fernando Henrique percebeu uma índole ideológica análoga e a oportunidade de uma política combativa. Nomeou Pelé ministro extraordinário dos Esportes, o primeiro negro a exercer um cargo desse nível. "Um símbolo do Brasil que veio de baixo ... que triunfou", declarou Fernando Henrique ao anunciar a nomeação. Desde o início, estava claro que Pelé acreditava na agenda de "modernização" do governo. Com um ano no cargo, ele propôs a Lei Pelé, um conjunto de reformas ao estilo FMI para o futebol, exigindo que os clubes funcionassem como empresas capitalistas transparentes, com registros abertos e administradores responsáveis. A lei dava aos jogadores o direito ao passe livre, ou seja, de abandonarem os clubes após o término dos contratos. Celso Grellet, assessor de Pelé, disse-me que "na época pensávamos em trazer para os clubes a racionalidade e o profissionalismo empresariais". Pelé esperava que as reformas atraíssem investidores estrangeiros que transformariam "o futebol brasileiro na NBA do mundo futebolístico". Em 40 anos, Pelé tinha passado de mão-de-obra explorada do Terceiro Mundo a ícone do autoritarismo e depois acólito neoliberal.

IV.

Chegando ao Rio de avião, a oeste do Cristo que reina sobre a cidade do alto de uma montanha, pode-se ver a construção mais famosa do Brasil, o estádio do Maracanã. Da rua, contemplando-se seu sólido anel, o Maracanã não parece capaz de abrigar mais de 200 mil pessoas – como aconteceu na final da Copa do Mundo de 1950, o maior público que já compareceu a um jogo de futebol. Ele nem é mais alto que os prédios do bairro de classe média em que está localizado. Do alto, porém, a magnitude do Maracanã se torna evidente. É um imenso buraco no chão. Parece ter um inesgotável suprimento de cantos para os quais os torcedores podem ser empurrados. Contornando o campo, separado do gramado por um fosso profundo, um anel de concreto pode acomodar 40 mil pessoas além dos assentos nas arquibancadas acima.

Tal como um *duomo*, o Maracanã está repleto de memórias de heróis, mártires e seu santo padroeiro, Pelé. Foi lá que ele marcou seu milésimo gol, em 19 de novembro de 1969. E foi lá, em 1961, como celebra uma placa na entrada do estádio, que ele fez "o gol mais bonito de todos os tempos". Depois de pegar a bola em frente ao seu próprio gol, Pelé atravessou toda a extensão do gramado. Sem dar um passe, mas com muitas fintas, abriu caminho entre seis defensores do time adversário. A bola não saiu de seu pé até ser colocada na rede. Como a maior parte dos grandes feitos de Pelé – os dois dribles que deu num goleiro senegalês, os oito gols que marcou num grande time do Rio numa única partida –, isso não foi registrado em filme, apenas em memórias que se esvaem e no folclore.

A aura do passado mítico do Maracanã é tão poderosa que três dos quatro grandes times do Rio fizeram dele o seu estádio. Numa noite perfeita de agosto, no início de uma nova temporada, fui assistir a um jogo de um desses clubes, o Botafogo. Minha expectativa era de uma grande experiência esportiva. E a entrada não me desapontou. Você passa por uma calçada de granito polido, como a Calçada da Fama de Hollywood, com blocos dedicados aos maiores jogadores, técnicos e cronistas desportivos do

Brasil. Bem antes do pórtico da arena, é possível ouvir a cadência do samba ressoando dos tambores.

As músicas e a batida se originam num setor do estádio, bem ao lado do gol. É a *curva*, como a chamam os italianos. Por toda a América Latina, a *curva* é o lugar em que tradicionalmente se concentram as exuberantes torcidas. Elas agitam vigorosamente suas bandeiras, com slogans que expressam sua lealdade eterna ao clube que amam. Passam a semana compondo novas canções que serão usadas para ofender os adversários e aclamar seus jogadores favoritos.

O Maracanã oferece toda a emoção que um torcedor poderia desejar, exceto por uma coisa: companhia. Além dos fiéis fanáticos da *curva*, e de algumas dezenas de torcedores que acompanham o time visitante e que foram isolados em sua própria *curva*, do outro lado, por motivo de segurança, não há quase ninguém no grande estádio. Quando o locutor anuncia as escalações das equipes, o eco do estádio torna suas palavras incompreensíveis. De acordo com o número divulgado no placar eletrônico, o público foi de apenas quatro mil espectadores. É um número tristemente característico: há milhares de pessoas a mais assistindo aos jogos comuns em Columbus, no estado de Ohio, ou em Dallas, no Texas, do que às grandes partidas do campeonato brasileiro.

Depois que se passa uma semana no Rio, as razões dessa escassez de público se tornam evidentes. Câmeras de vigilância onipresentes reduziram o roubo que assombrava o estádio, mas o bairro em volta é um campo de tiro. Ir ao banheiro significa atravessar lagos de urina. Com muita freqüência, também se pode sentir o mau-cheiro fora dos banheiros. Muitos torcedores brasileiros não querem se arriscar a perder uma jogada fazendo o longo percurso até os banheiros. O Maracanã recentemente reformou sua infra-estrutura, não apenas para se ajustar às novas normas de segurança, mas também para reverter os efeitos corrosivos da urina sobre vigas de concreto reforçado com aço.

Talvez o público pudesse sobreviver a essas indignidades. Mas os dirigentes do futebol brasileiro têm cometido pecados muito maiores do que privar os torcedores de conforto. Eles desorganizaram o próprio esporte. A cada ano inventam um novo sistema para a confederação, um novo calendário e uma nova fórmula para se ganhar o campeonato. Numa temporada, a renda da venda de ingressos era computada na classificação para as finais. As agendas dos times ficaram tão cheias de torneios sem sentido que os jogadores basicamente não tiravam férias.

A alguns assentos de distância, no intervalo do jogo do Botafogo, um homem está lendo uma matéria de jornal sobre Ronaldo. Segundo o texto, o Real Madrid está tentando comprar o dentuço atacante do Internazionale de Milão por 20 milhões de dólares. Na época de Pelé, os maiores jogadores brasileiros jogavam no Brasil, e portanto os torcedores brasileiros podiam assistir aos melhores jogos do planeta. Agora, até meus amigos torcedores brasileiros mais fanáticos têm dificuldade em dar a escalação de clubes famosos como o Botafogo. Dos 22 jogadores que vestiram a radiante camisa amarela da seleção brasileira na Copa do Mundo, apenas sete jogavam em seu país naquele momento. Estima-se que cinco mil brasileiros tenham contratos com equipes estrangeiras. O êxodo do futebol brasileiro constitui uma das grandes migrações de talentos na história recente, o equivalente esportivo da fuga de cérebros pós-soviética ou da debandada de intelectuais de países africanos em guerra. Os heróis brasileiros viraram algo semelhante à guerra na Chechênia – distantes e estranhos, presentes apenas em raras aparições na seleção nacional e na despedida de algum craque.

V.

Bem antes de Fernando Henrique Cardoso nomeá-lo para seu ministério, Pelé já mantinha uma relação confortável com o poder. Mas depois de usar seu prestígio para aprovar no Congresso, em 1998, as reformas anticorrupção e pró-capitalistas (a Lei Pelé) ele pediu exoneração do cargo.

Sem sua força para sustentar a Lei Pelé, porém, o lobby do futebol recuperou o controle da situação. Os louros obtidos murcharam antes que Pelé pudesse descansar sobre eles. Dois anos depois de sua saída, seus adversários orquestraram uma legislação que desfez as reformas mais importantes antes de elas entrarem em vigor. Os cartolas não seriam obrigados a prestar contas ou a assumir a responsabilidade jurídica por suas extravagâncias contábeis. Como sempre, a corrupção no Brasil mostrou sua extraordinária capacidade de recuperação. Quando defrontado com esse fato, a reação de Pelé foi surpreendente. Em fevereiro de 2001, ele convocou uma coletiva de imprensa juntamente com o chefão do futebol brasileiro, Ricardo Teixeira, no Rio de Janeiro. Eles estavam juntando esforços, nas palavras de Pelé, num "pacto para salvar o futebol brasileiro". Teixeira anunciou que Pelé chefiaria uma comissão especial encarregada de reorganizar a administração do esporte. Depois beijou a mão do rei. "Cometi um grande erro ao me afastar do maior ídolo do país. Reconheço meu remorso e conto com a nobreza de Pelé em aceitar minhas desculpas." Então, em frente das câmeras, para as primeiras páginas dos jornais, Teixeira e Pelé se abraçaram.

Na verdade, nada poderia ser mais corrosivo para a nobreza de Pelé. Ele não era mais o terror dos cartolas. Na coletiva, ele condenou a investigação promovida pelo Congresso por destruir o prestígio do futebol brasileiro. Proporcionou credibilidade a Ricardo Teixeira num momento em que o Congresso estava pronto para enfiar uma estaca nos cartolas. José Trajano, colunista do jornal desportivo *Lance!*, bradou: "A união de Pelé com Ricardo Teixeira é a maior punhalada nas costas que nós, que lutamos pela ética no esporte, poderíamos receber ... Ele vendeu a alma ao diabo."

Depois do abraço, os participantes da cruzada anticorrupção, como Juca Kfouri, deram as costas a Pelé. Jornalistas com espírito reformista, especialmente no jornal *Folha de S. Paulo*, começaram a rever a passagem de Pelé pelo Ministério dos Esportes. Será que ele fora tão idealista quanto havia parecido ao aprovar a Lei Pelé? Seu sócio, Hélio Viana, me disse que foi ele quem escreveu o esboço da Lei Pelé. Celso Grellet, assessor de Pelé, admitiu para jornalistas que Pelé esperava ter lucros com as novas leis. Grellet me disse que foi Pelé quem intermediou a relação entre Eurico Miranda e o NationsBank. (Quando solicitei uma entrevista a Pelé, ele recusou.)

De repente, o ícone estava à beira de um vexame. Algumas acusações eram infundadas, do tipo divulgado pela imprensa marrom a respeito de sua vida pessoal. Infelizmente, acabou se revelando um caso muito mais sério. No inverno de 2001, a *Folha de S. Paulo* acusou Pelé de ter embolsado 700 mil dólares de um jogo beneficente que sua empresa, a Pelé Sports & Marketing, havia organizado para a Unicef, jogo que seria disputado em Buenos Aires. Era um esquema que envolvia duas empresas de fachada, segundo as cópias dos contratos que tenho em mãos. Pelé alegou desconhecer o fato, e culpou um sócio com quem trabalhava há 20 anos; ele o despediu, e depois o processou e fechou a Pelé Sports & Marketing. No entanto, ele nunca devolveu os 700 mil dólares.

Quando questionei amigos de Pelé sobre esses pontos duvidosos em seu currículo, eles ofereceram diversas desculpas. Alguns dizem que sua infância pobre o tornou ávido por dinheiro. Mas dizem que é também algo mais digno que isso. Quando uma pessoa o ajuda, mesmo que por hipocrisia, ele esquece voluntariamente os defeitos dela. Perdoa seus erros mesmo depois que deixa de ser socialmente aceitável perdoar. Isso não está muito longe do famoso estudo sobre corrupção publicado em 1958 pelo sociólogo Edward Banfield, *The moral basis of a backward society* [A base moral de uma sociedade retrógrada]. Banfield explicou que as sociedades mais alicerçadas na família, onde é mais forte o senso de obrigação, são as que mais alimentam o nepotismo e o clientelismo. Em outras palavras, Pelé e o Brasil não estavam apenas despreparados para a reforma. Estavam despreparados para o capitalismo.

VI.

Alguns críticos atribuem motivações sombrias aos investidores estrangeiros. Acusam-nos de usar os clubes para lavar dinheiro e encobrir transações de reputação duvidosa. E em alguns casos pode haver alguma verdade nessas acusações. Mas a maioria dos investidores estrangeiros chegou ao Brasil com um brilho utópico no olhar. Tudo de que se precisava para transformar o futebol, teorizavam, era um pouco de transparência, a moderna mágica do mercado e a exploração de sinergias. Falavam em transformar o esporte num grande e lucrativo espetáculo – o que se completaria com cabines vip nos estádios e proveitosos contratos de TV. A Hick, Muse de Dallas chegou até a trazer a Pan-American Sports Network para transmitir os jogos de seus times. Era um plano ambicioso, e poderia ter funcionado se alguns cartolas tivessem sido afastados.

Eurico Miranda me convida para visitar São Januário na manhã seguinte ao 104º aniversário do clube. Na noite anterior tinha havido uma festa de gala na orla do Rio. Nessa manhã, ele convocou uma coletiva de imprensa para anunciar a contratação de um emigrante sérvio muito elogiado de nome Dejan Petkovic. A comemoração da noite anterior, diz ele, o motivou a "fazer algumas mudanças". Mas existe outra razão para ele precisar de Petkovic. O Vasco não começara bem o campeonato e o fato de a equipe estar ocupando uma das últimas posições na tabela ameaçava sua reeleição. Na linguagem da ciência política norte-americana, o mau desempenho do time ameaçava reduzir o afluxo da base eleitoral de Eurico Miranda. Petkovic é uma peça de uma jogada política, uma tentativa de última hora de reenergizar a torcida do clube.

Miranda não faz muito esforço para ocultar suas motivações. Na coletiva de imprensa, seus assessores colocam três sujeitos troncudos atrás da mesa com os microfones. Momentos antes de Eurico aparecer com Petkovic, quando serão ligadas as câmeras de TV, um assessor entrega aos fortões camisetas com o nome e a marca de Eurico. Quando os jornalistas chegam para a coletiva, realizada na "sala de reuniões presidencial" do estádio, um dos assessores de Eurico lhes oferece um adesivo de campanha. Ele grita para um câmera:

— Não se pode usar bermuda no escritório do presidente.

Eurico chega para a coletiva de imprensa. Está usando um cordão de ouro. O cabelo foi bem penteado com brilhantina. Um de seus críticos de longa data me diz que cerca de 20 anos atrás ele era um homem bonito. Embora a beleza não exista mais, ele ainda chama muita atenção. Mesmo quando Petkovic está respondendo uma pergunta, Eurico Miranda requisita a atenção da platéia. Senta-se numa cadeira e se recosta, exibindo orgulhosamente sua corpulência. Durante a coletiva, fuma um enorme charuto, alisando-o com os dedos enquanto tira longas e profundas baforadas. É impossível deixar de notá-lo.

Uma das características definidoras do populista brasileiro é seu "pugilismo". Num certo sentido, a atração que exercem depende de serem percebidos como rebeldes prontos para o combate, retratando seus acusadores como membros de uma elite negligente. Eurico também gosta de uma boa briga. Quando o governador do Rio de Janeiro, o evangélico Anthony Garotinho, cancelou um jogo do Vasco depois do desastre em seu estádio, Miranda o chamou de "frouxo ... devia estar fazendo suas preces falsas para Jesus". Quando o juiz expulsou três jogadores do Vasco num jogo em 1999, Miranda invadiu o gramado, à frente de um bando de seguranças. Antes que ele pudesse agredir o árbitro, a polícia interveio.

Durante a coletiva com Petkovic, Miranda não se constrange em interromper bruscamente um jornalista:

— Essa pergunta é estúpida – diz ele repetidas vezes.

Ele faz um movimento circular com a mão, o mesmo usado pelos treinadores para indicar uma substituição. Talvez temerosos de suas agressões verbais, os jornalistas aquiescem. No momento em que ele encerra a coletiva de imprensa e se senta para conversar, também estou um pouco assustado.

Conheci muitos torcedores do Vasco da Gama, pessoas sensíveis que desprezam a corrupção, mas adoram Eurico Miranda. "Ele pode ser um canalha, mas é o meu canalha", é o clássico refrão. Como muitos homens de poder, Eurico não consegue distinguir entre seus próprios interesses e os do clube – a figura do pai que protege o Vasco das pedras e flechadas de um mundo malévolo. Ele é especialmente duro com os investidores estrangeiros, aos quais acusa de tentarem destruir seu clube.

— De uma hora para outra, os investidores estrangeiros vieram e tentaram transformar isto aqui numa coisa que eles chamam de empresa. Devido às práticas culturais que temos aqui, eles enfrentaram sérias dificuldades. Porque a abordagem não era correta. Eles vieram com um objetivo: vamos cuidar do balanço. Empresa é isso. Mas essa maneira simplesmente não funciona aqui. Existem práticas locais que devem ser observadas. Eles entendem de negócios, mas não sabem nada de nossa cultura, de nossas características locais.

Isso é totalmente falso, para dizer o mínimo. Eurico fechou negócio com o NationsBank, convidando-o a fazer parte do clube. O banco nunca teve nem de longe a influência sobre o clube que Eurico alega. Mas ele usa essa retórica com inegável maestria. Ele tem mantido sua base política por tanto tempo porque recorre a uma linha de argumentação poderosa.

Sentado em frente a uma mesa da sala de reuniões, balançando a cadeira, Eurico me diz:

— O Vasco é um clube de imigrantes. Foi fundado por portugueses e brasileiros. E é o único clube que tem uma história. O Vasco teve o primeiro jogador negro da história. O futebol era praticado pelas elites. Este é o único clube cujos sócios compraram cada centímetro de terra sem ajuda do governo. Nenhuma. É um clube pioneiro.

Eurico Miranda argumenta que as multinacionais acabarão destruindo inevitavelmente essas tradições. Os investidores estrangeiros vão trazer pessoas "que mal falam português". Com o objetivo do lucro, eles tentarão vender o clube ao maior público possível. No Palmeiras, a multinacional italiana Parmalat mudou as cores do time. No Corinthians e no Flamengo, os investidores estrangeiros venderam seus astros para rivais odiados da mesma cidade – algo antes impensável. Em todos os lugares a que foram, os investidores se gabaram de seus planos de marketing. Eurico Miranda está tentando dizer que os estrangeiros criaram a impressão de que os clubes são apenas negócios, e não repositórios da tradição e da moral mais elevada. Porém ele só começou a apresentar esses argumentos contra a globalização depois de roubar os investidores estrangeiros.

Com a saída desses investidores, Eurico não tem um bom bode expiatório que possa atacar para desviar os olhares de suas próprias falhas. Está em campanha pela reeleição à sombra de uma temporada desastrosa. Agora ele não assiste aos jogos na tribuna de honra, de uma cabine à altura do meio do campo tradicionalmente ocupada pelos presidentes do clube. Ele vê as partidas de seu escritório, que dá vista para o campo, por trás de um vidro escuro.

Logo após a entrevista com Eurico, tenho um encontro com um ex-jogador olímpico de voleibol chamado Fernandão. Ele lidera um grupo subversivo de oposição, o Movimento Unido Vascaíno. É subversivo porque Eurico Miranda expulsou Fernandão e seus amigos do clube. Hoje em dia, eles colocam *outdoors* anti-Eurico perto de São Januário, entregam panfletos a vascaínos que vão assistir aos jogos no estádio. Fernandão me diz que a riqueza obtida com a transação do NationsBank fez com que Eurico ficasse "embriagado pelo poder".

Alguns meses depois, a avaliação de Fernandão se provou verdadeira. Eurico aparece na seção eleitoral com dois guarda-costas armados. Ele insiste em furar a longa fila de eleitores. No caminho, faz uma pausa para agredir verbalmente uma repórter. Era demais, mesmo para os torcedores do Vasco. Na seção eleitoral, tem início uma revolta. Eleitores começam a gritar "ladrão". No final do dia, o inimaginável aconteceu: Eurico Miranda perdeu não apenas a cadeira no Congresso, mas também a imunidade parlamentar a ela associada. Os promotores federais ansiavam por esse dia. Estavam sentados sobre um memorando de 37 páginas relacionando os crimes de Eurico. Depois de derrotar os investidores estrangeiros, ele próprio fora derrotado.

Com os investidores estrangeiros fora do Brasil, o principal defensor do capitalismo futebolístico – um tecnocrata vitalício e velho amigo do presidente Fernando Henrique chamado José Luís

Portella – tornou-se ministro dos Esportes. Ele me convidou a assistir ao seu jogo semanal de futebol, disputado num campo na zona norte de São Paulo. Os jogadores da sua liga têm, como regra, pelo menos 45 anos de idade. Portella é um homem baixo, sem um talento óbvio para o futebol. Não poderia ser mais diferente de Pelé. Mas não está nem de longe tão fora de forma quanto alguns companheiros de equipe. Alguns são tão gordos que nunca correm mais de cinco segundos de cada vez. Diversos companheiros de time de Portella estão na casa dos 65. Essas limitações, contudo, praticamente não impedem que Portella e seus colegas encarem o esporte com a maior seriedade. As equipes têm treinadores que percorrem as laterais do campo praguejando contra a falta de empenho e os passes errados. Contrataram um árbitro recém-aposentado que atuava na divisão principal do campeonato brasileiro. Apesar de sua experiência, os jogadores discutem com ele como se fossem profissionais, se não mais. No final do primeiro tempo, o próprio ministro dos Esportes recebeu cartão amarelo por gritar na cara do árbitro.

Quando Portella e eu nos sentamos, ele não esconde seu pessimismo quanto ao futuro do esporte. Nem mesmo a indiciação de Eurico Miranda, diz ele, poderia aliviar a profunda crise no futebol. Mas observar Portella jogando derruba seu argumento. Até mesmo esse grupo de homens fora de forma joga com estilo. Eles giram o corpo para passar a bola em direções totalmente inesperadas, chutam de calcanhar e exibem suas habilidades no drible. Apesar da persistência da corrupção, a paixão dos brasileiros pelo futebol não diminuiu, seus recursos esportivos naturais não parecem estar perto da exaustão. Trata-se de uma parte essencial do caráter nacional. Quando o time de Portella faz um gol, aqueles homens de meia-idade beijam a insígnia do clube em seus uniformes e também se beijam uns aos outros, se amontoam numa pilha sobre o gramado. No Brasil, mesmo entre contadores, motoristas de táxi e tecnocratas do governo, há momentos que os fazem desejar ajoelhar-se e dar graças a Nossa Senhora das Vitórias.

6 COMO O FUTEBOL EXPLICA os negros dos Cárpatos

I.

Edward Anyamkyegh desembarcou no Aeroporto Internacional de Lviv, na Ucrânia, quando o pós-comunismo completava exatamente dez anos. No modesto prédio, ainda era possível detectar vestígios do antigo regime. Um painel desbotado homenageava heróicos trabalhadores portando suas ferramentas como se fossem espadas. Policiais com chapéus militares marrons de amplas copas, do tipo que costumava povoar os desfiles na praça do Kremlin, observavam os recém-chegados com ar de importância. Como foram treinados para suspeitar de visitantes, e pelo fato de Edward parecer tão diferente, eles o puxaram de lado. *O que você veio fazer na Ucrânia?*

O aspecto de Edward Anyamkyegh em 2001 pode ter chocado os policiais. Mas naqueles dias, no fim de uma era desgastante de rápida globalização, sua chegada não deveria ter sido tão desconcertante. Poderia até ser descrita como o sinal de tempos que se esvaneciam. Naquela época, estranhas alquimias culturais tinham proliferado: europeus orientais fazendo a colheita de azeitonas na Toscana; bengaleses atendendo chamadas de clientes de empresas de cartão de crédito em Delaware; e, como no caso de Edward Anyamkyegh, nigerianos jogando futebol profissional na Ucrânia.

Na época da chegada de Edward, os nigerianos tinham virado moda naquele país. Num período de alguns meses, nove nigerianos foram contratados para jogar na liga principal. Eram as aquisições mais prestigiosas que um clube poderia fazer. Uma equipe sem nigerianos não era uma equipe séria; um dono de clube que não os comprasse não era suficientemente ambicioso.

Como todas as altas do mercado, a fixação pelos nigerianos revelava uma exuberância irracional. Mas também havia uma lógica por trás dela. Durante o comunismo, os clubes de futebol ucranianos eram empresas estatais. Quando o regime caiu, contudo, ninguém se preocupou em privatizá-los. Em muitos casos, ninguém sequer pagou as contas. A situação ficou tão grave que o futebol ucraniano poderia ter desaparecido. Mas o esporte encontrou seus salvadores nos homens mais ricos do país. Os oligarcas ucranianos haviam feito uma transição sem rupturas para o capitalismo a partir de suas posições na burocracia do Partido Comunista, transformando seus laços privilegiados com o antigo Estado em riqueza no presente. Ao assumirem as despesas, tornaram-se os proprietários de fato.

Os oligarcas anunciaram ter grandes ambições em relação a suas novas propriedades. Disseram aos torcedores que desejavam seus times ao lado dos grandes clubes da Itália, Espanha e Inglaterra. Para realizar tarefa tão grandiosa, teriam de seguir a abordagem adotada por esses clubes. Uma coisa em particular lhes chamava a atenção: a predominância de rostos negros. Podia-se ver por que os times da Europa Ocidental tinham tantos deles: os africanos eram donos da habilidade e da velocidade que faltavam aos ucranianos. Tinham a engenhosidade que poderia fazer uma equipe medíocre do Bloco Leste parecer continental.

Lviv tinha seu oligarca, Petro Dyminskyy. No comunismo, ele administrara as minas de carvão da região. Depois, amealhara uma fortuna incrível – várias centenas de milhões de dólares, pelo que dizem – comprando e vendendo abundantes reservas de gás, petróleo e carvão no oeste da Ucrânia. Na primavera de 2001, ele acrescentou a suas posses o clube de futebol local, chamado Karpaty Lviv em função da vizinha cadeia montanhosa dos Cárpatos. Ao investir uma pequena parcela de sua fortuna, Dyminskyy esperava criar para si um time de grande sucesso popular. E com o brilho desse sucesso na mídia, planejava lançar-se na política, seguindo o modelo de Silvio Berlusconi.

Dyminskyy não era um profissional do futebol. Mas percebeu as intenções que motivaram os proprietários de outros clubes a comprar nigerianos, e isso o atraiu. Quando um empresário da antiga república soviética da Moldávia lhe ofereceu Edward Anyamkyegh por 500 mil dólares, Dyminskyy comprou. Parecia um grande negócio. Em todos os lugares em que havia jogado, Edward tinha feito seus gols. Seu currículo incluía a participação na seleção nigeriana sub-17. Era jovem – apenas 23 anos – e tinha um tronco musculoso que parecia adequado à virilidade do futebol ucraniano. Assim, quando Dyminskyy revelou sua aquisição ao povo de Lviv, prometeu que Edward ajudaria a alavancar Karpaty para o sucesso.

Na época, Dyminskyy não dava nenhum sinal de que considerasse haver algum risco nessa empreitada. Mas ele vestira Edward com o uniforme verde e branco do Karpaty, coberto de caracteres cirílicos, um símbolo do nacionalismo de Lviv e da Ucrânia. Desse modo, a chegada de Edward ao Karpaty representava mais que a assinatura de um contrato, mais que testar a garra de um jogador e a capacidade de um dirigente ao montar uma equipe. Sua chegada à Ucrânia era um experimento transcultural. Em teoria, a aquisição de Edward pelo Karpaty tinha seguido perfeitamente as regras da globalização. Os ucranianos haviam garimpado no mercado de trabalho internacional e encontrado uma pechincha. Para receber sua nova aquisição, que falava inglês, contrataram um novo técnico capaz de se exprimir numa língua que lhe fosse compreensível. Tal como muitas empresas das partes mais pobres da Europa Oriental, estavam adotando o modelo de um só mundo que trouxera grande sucesso a milhares de firmas norte-americanas e européias. A estratégia ocidental da globalização tinha sido, com efeito, globalizada. Mas seria adequada aos rigores da vida e do futebol da Ucrânia ocidental?

II.

Edward me conduz a pé até seu apartamento. Fica a vários quarteirões do limite dos antigos bairros soviéticos de concreto infindável e implacavelmente linear. Nosso ponto de encontro foi o McDonald's do bairro. Ele trouxe a mulher e a filha de dois anos. Brecing, a esposa, tem uma voz suave e sincera.

— Você é casado? Diga a sua mulher que nós lhe mandamos um abraço. Um grande beijo – diz ela, inclinando a cabeça.

A filha de Edward, de trancinhas e jaqueta jeans, fica perto da perna dele.

Por quase dois anos, eles têm vivido nesse conjunto. A filha nasceu aqui.

— Todo mundo me conhece, sabe como é? Não temos problemas. Eles gostam muito de mim.

Edward sempre fala depressa, numa cadência musical. Ao mencionar a afeição dos vizinhos, ele olha para o chão e sorri. Ao nos aproximarmos de sua casa, ele mostra os pontos de referência.

— É aqui que eu jogo bola com a garotada... este é o banco. Está vendo? Banco.

Ele traduz a palavra escrita em cirílico, uma das poucas que diz poder decifrar.

Os comunistas não construíam para durar. E os pós-comunistas não tiveram recursos ou vontade para consertar. As ruas e calçadas têm uma topografia que se alterna entre pilhas de cimento e crateras. Ao nosso redor, as fachadas de vidro estão estilhaçadas. A fuligem cobre as partes que permanecem de pé. Camisas, meias e sacos pendem dos galhos das árvores como se fossem enfeites.

Embora não haja nada muito luxuoso ou acolhedor no apartamento de Anyamkyegh, ele representa um vívido contraste em relação ao corredor escuro e sujo. Há um pequeno quadro a óleo representando uma flor, solitário na parede da sala de estar, com fotos de Edward em ação amontoadas numa quina da moldura. Num canto da sala há um colchão sobre o piso, com travesseiros e lençóis elegantemente empilhados. Edward e Brecing dormem aqui. Gostam de adormecer em frente à televisão.

— Sente-se. – Edward me aponta uma cadeira, em cujo braço se apóia, procurando o controle remoto. — Tenho parabólica e TV a cabo – diz ele, e coloca fitas de vídeo com *rap* afro-americano.

Edward tira o boné de beisebol preto da Reebok, apóia o cotovelo sobre o joelho e o queixo na palma da mão.

— Como é que um nigeriano vem parar na Ucrânia?

Ele esfrega a mão no rosto e começa a narrar sua jornada pela economia global do futebol.

Durante gerações, a família Anyamkyegh dedicou-se ao trabalho agrícola perto da capital provincial de Gboko, não muito longe da fronteira oriental da Nigéria com Camarões. O pai de Edward teve sucesso na profissão. Numa aldeia próxima, ele era dono de pomares com mangueiras e goiabeiras cujos frutos eram enviados de caminhão para partes da Nigéria onde a terra não era tão fértil quanto a de Gboko. Uma tarde, ao voltar para casa, ele tentou ultrapassar com seu carrinho um caminhão de concreto numa estrada estreita. Edward tinha sete anos quando ele morreu.

Uma ou duas décadas antes, Edward teria seguido os passos do falecido pai na agricultura. Agora havia muitas alternativas. Empresários de futebol percorriam lugares como Gboko em busca de adolescentes que pudessem vender a clubes europeus. Além de glamouroso, isso parecia uma oportunidade de ganhar somas inimagináveis. Os garotos começaram a sonhar em jogar na Europa. Exemplos locais faziam com que tais fantasias parecessem plausíveis. O Queen's Park Rangers de Londres comprou o irmão mais velho de Edward, um dos sete. E desde a morte do pai ele próprio começou a dizer aos amigos que também se tornaria um astro na Europa.

Havia outra razão para que essa idéia não parecesse implausível para Edward: ele era um menino com corpo de homem. Aos 15 anos, tinha desenvolvido bíceps e peitorais. Quando foi comprado pelo melhor time profissional da região, os jornais predisseram que se tornaria um dos maiores atacantes saídos de Gboko. Comentários sobre o talento de Edward, de como ele superava os mais velhos em velocidade e os mais novos em musculatura, chegaram aos treinadores da seleção nacional. Eles lhe deram uma vaga na equipe enviada para disputar o Mundial sub-17 no Equador.

Um time de garotos não parece ser grande coisa. Mas na Nigéria representa muito. A televisão nacional transmite esses jogos. Os jornais monitoram seu desempenho de perto e com rigor. Depois de a equipe perder para Gana na final do campeonato africano, os entendidos incitaram o técnico a cortar meio time. Mas são inevitavelmente os empresários que observam os atletas mais de perto. Muitos deles fizeram promessas grandiosas a Edward. Das várias ofertas de representação, Edward escolheu um empresário da Costa do Marfim chamado Ahmed. Edward gostou muito de uma parte de sua apresentação: foi quando Ahmed afirmou que já tinha um contrato com o Bordeaux da França.

Pouco antes da Copa do Mundo, Edward fez sua primeira viagem para fora da África. Viajou pelo sul da França, um lugar tão maravilhoso quanto ele havia imaginado. Isso o inspirou a jogar o melhor que podia. Em duas semanas de testes, marcou três gols pelo time reserva do Bordeaux. Mas uma tarde seu empresário lhe disse que teriam de sair da França no dia seguinte, muito antes do planejado. "Por quê? Vamos para onde?", perguntou Edward. "Porque falta completar uma papelada na África." Satisfeito com a resposta, Edward voltou para Gboko. Ahmed lhe disse que o apanharia dentro de uma semana e eles voltariam juntos para a França. Jamais apareceu. Mais tarde Edward descobriu os detalhes da sórdida transação: o Bordeaux tinha dado cinco mil dólares ao empresário para que pagasse a Edward pelos testes. Quando os dirigentes do clube ficaram sabendo que o empresário tinha usado o dinheiro para trazer outros jogadores que seriam testados por equipes concorrentes, romperam o contrato.

Esse ato venal foi como uma maldição para Edward. Embora a Nigéria fosse favorita no campeonato mundial, o time foi eliminado nas quartas-de-final pelos anões de Omã. Edward ficou envergonhado com esse resultado, e também com o fato de todos os companheiros de equipe terem ido jogar em times europeus. Atormentado por tais pensamentos, não conseguia mais concentrar-se no jogo nem manter a forma. Jogando pelo time de Gboko, estirou os músculos de ambas as coxas. Em razão de seu estado psicológico, os dirigentes do clube ficaram preocupados que ele se descuidasse da reabilitação, acabando com as esperanças de retorno. Colocaram-no num hospital, onde ele permaneceu por oito meses, entregue aos próprios pensamentos.

O retorno de Edward aos gramados tem uma virtude mística. Entrando num jogo – pela ambicionada Copa da Nigéria, com a partida empatada e analgésico fluindo pelo corpo –, ele fez o gol da vitória. Alguns dias depois, sentou-se no banco de trás de um conversível aberto que o exibiu a seus admiradores de Gboko. Meses mais tarde, conseguiu realizar seu sonho europeu. Seu novo clube podia não ser tão prestigioso quanto o Bordeaux. Podia não ser nem mesmo o mais prestigioso da antiga República Soviética da Moldávia. Mas pelo menos o Sheriff tinha sede em Tiraspol, e Tiraspol ficava na Europa.

A Moldávia tivera sua onda nigeriana. No Sheriff, Edward jogava com dois compatriotas. Durante uma temporada, o arranjo funcionou maravilhosamente. Edward marcou 11 gols e ganhou as honras de jogador do mês. Os moldávios lhe pediram que se naturalizasse para jogar pela seleção do país. Mas, à medida que se aproximava o término de seu contrato, outros clubes começaram a lhe fazer propostas. Um time dos Emirados Árabes fez uma oferta tentadora que ele queria muito aceitar. Sem conhecimento do Sheriff, ele foi visitar seu possível futuro clube. Quando o contrato terminasse, ele se transferiria para lá.

Mas o Sheriff tinha outras idéias sobre o futuro de Edward. Queria vendê-lo a outro clube antes de o contrato terminar. Dessa maneira, também ganharia com o sucesso do jogador. Segundo Edward, quando os dirigentes do clube souberam de sua viagem ao exterior, procuraram sua mulher e lhe tomaram o passaporte. Edward não sabia como contactar a embaixada da Nigéria nem estava certo de que existisse uma na Moldávia. Depois de chegar de viagem, deixou claro que aceitaria qualquer decisão que o clube tomasse sobre ele. A decisão foi vendê-lo ao Karpaty Lviv.

III.

Os moradores Lviv idolatram um dentista de 28 anos chamado Yuri. Além da habilidade em tratar cáries e eliminar o tártaro, ele é o capitão do Karpaty Lviv. Como parte da cultura do futebol soviético, os jogadores freqüentemente obtinham diplomas de nível superior. Além disso, só após a chegada do capitalismo é que eles puderam ganhar salários capazes de garantir seu sustento depois de abandonarem os gramados. Yuri ganha agora o suficiente para não precisar praticar sua profissão. Mas depois de se aposentar ele vai passar alguns meses relendo seus livros e então vai abrir um consultório na cidade.

Yuri encontrou-se comigo no Café Vienense, na Prospekt Svobody, avenida da Liberdade. Se eu não soubesse que ele era da cidade, poderia ter adivinhado. Como quase todos os homens de sua terra, carrega uma bolsa e tem olhos de um azul profundo. Em seu estilo coloquial, os habitantes de Lviv se orgulham de suas maneiras circunspectas, analíticas, qualidade que atribuem à existência de 13 universidades e milhares de acadêmicos na cidade. Yuri sempre inicia suas declarações dizendo: "Só posso falar a partir de minha própria experiência, mas..."

O amor de Lviv por Yuri não vem apenas de suas habilidades, mas do fato de ele ser um deles. Cresceu em Lviv, assistia a todos os jogos do Karpaty quando criança, e o que mais desejava era jogar em seu time do coração. E eles o amam porque representa a cidade exatamente como as pessoas desejam ver-se representadas: articuladas, simpáticas, humildes e trabalhadoras. Quando joga mal, Yuri o admite sem inventar desculpas. Seu ritmo de trabalho revela uma inesgotável paixão pelo time.

No tempo em que Yuri foi capitão, o Karpaty atravessou um dos períodos mais conturbados de sua história. Depois da chegada de Edward, o time comprou um atacante nigeriano de 18 anos e trancinhas, chamado Samson Godwin. Como o antigo treinador ucraniano não falava inglês para se comunicar com os nigerianos, o clube contratou um treinador sérvio que passara dez anos jogando no Southampton Football Club da Inglaterra. O sérvio, por sua vez, indicou quatro jogadores da antiga Iugoslávia. Subitamente, Yuri se viu à frente de uma equipe poliglota que incluía um treinador e jogadores cujas línguas ele não falava.

Essa foi uma grande mudança no Karpaty. Mesmo na era soviética, o clube fora conhecido pelo regionalismo. Enquanto muitos times ucranianos tinham jogadores da Rússia e de outras repúblicas, o Karpaty era composto quase exclusivamente de homens de Lviv e adjacências. Isso queria dizer que o time refletia a realidade política implícita da Ucrânia Ocidental: Lviv se via lutando contra os senhores russos que lhes haviam imposto o comunismo. Evidentemente, era perigoso tirar partido do simbolismo político do Karpaty. O Estado tudo ouvia. Um antigo dirigente do clube admitiu que fornecia ingressos dos jogos do Karpaty a agentes da KGB, de modo a que pudessem ouvir no estádio os gritos que tivessem conotação política. Mas as pessoas sentiam profundamente a conexão entre seu time e suas aspirações nacionais. Quando o Karpaty ganhou a Copa da URSS, em 1969, seus torcedores cantaram canções ucranianas no estádio em Moscou. Assistindo aos jogos em casa, pela televisão, o povo de Lviv chorou ao ouvir sua língua ressoando na capital dos conquistadores.

Enquanto tomava seu chá, Yuri explicou essa história.

— O Karpaty nunca teve poder político. Nunca terá mais dinheiro que os clubes de Kiev ou Donetsk (a capital industrial da Ucrânia oriental). Mas tem uma fibra que o ajuda a equilibrar essas desvantagens. Os grandes momentos de sua história aconteceram quando o time tinha jogadores locais e senso de união.

Com a chegada dos estrangeiros, essa unidade desapareceu totalmente. O Karpaty se dividiu em duas facções. Você entrava no refeitório do clube e encontrava as diferentes nacionalidades comendo em mesas separadas. Essa separação se mantinha no ônibus e nos treinamentos. Com certeza, não ajudava muito o fato de os ucranianos não poderem conversar com os nigerianos. (Era muito mais fácil integrarem-se com os iugoslavos, cuja língua é bem próxima da ucraniana e cuja cultura tem os mesmos fundamentos eslavos.) Havia, contudo, motivos menos defensáveis para essa divisão. Edward fora a aquisição mais cara da história do clube. Ganhava, imaginavam os companheiros de time, muito mais que eles.

Yuri ficara particularmente incomodado com os nigerianos. Muitos ucranianos se queixavam de que eles não estavam se esforçando de fato. Yuri concordava com essa avaliação. Achava que os nigerianos não corriam o suficiente nem se expunham fisicamente. O uniforme do Karpaty não significava nada para eles. Por alguma razão, Edward e Samson tinham deixado bem claro que viam a Ucrânia como apenas uma estação na rota que os levaria às ligas da Europa Ocidental. Yuri achava que a arrogância e a indiferença deles destruiria o time.

Depois de um treino, Yuri puxou Edward e Samson para um canto. Disse-lhes que precisavam esforçar-se mais, trabalhar com o resto do time.

— Eles ficaram um tanto ofendidos com a conversa – contou-me ele.

Quando Yuri se deu conta, Edward e Samson tinham ido procurar Dyminskyy, o presidente do clube, para lhe dizer que os jogadores não estavam passando a bola para eles.

— O presidente me chamou para uma reunião. Estava furioso. "Por que não estão passando a bola para os nigerianos?" Eu disse a ele. "Não acha que eu faço o melhor que posso? Eu vivo pelo time."

Um dia depois do encontro com Yuri, assisti a um treino do Karpaty, num campo da aldeia. Numa extremidade do campo ficava um antigo vagão de trem enferrujado, onde os jogadores trocavam de roupa, apesar de muitos deles preferirem fazê-lo à vista do público. Petro Dyminskyy, o presidente, ficou sentado sob um toldo em frente ao seu carro. Embora fosse um dia quente de primavera, estava vestido de preto. Permaneceu num silêncio tenebroso durante o treinamento. O time realizou os exercícios – pequenos grupos em linha de passe, cruzando e cabeceando a bola. Em todos eles, Edward e Samson ficavam juntos. Nenhum outro jogador se apresentava para se unir a eles. Membros da comissão técnica preenchiam as vagas, o que por vezes incluía o próprio treinador sérvio. Sob o sol resplandecente de maio, transformavam seus corpos de meia-idade e bem alimentados em esponjas supersaturadas de suor.

IV.

Numa esquina perto do hotel, tentei conversar com dois jornalistas esportivos. Um deles tinha estudado para ser cientista nuclear. Nenhum dos dois falava bem inglês. Esperamos a chegada de um tradutor. Enquanto preenchiam o silêncio constrangedor com as expressões que conheciam, por acaso Edward passou por nós num táxi velho e gasto com o pára-brisa quebrado. O motorista reduziu a velocidade por um instante e ele estendeu a mão para fora da janela. Eu a apertei. Os jornalistas acenaram em sua direção. Quando Edward dobrou a esquina, um deles riu baixinho.

— Macaco – disse em inglês.

— Bananas – replicou o outro.

É difícil avaliar quanto desse ressentimento em relação aos nigerianos pode ser descrito como racismo. Está claro que muitos dos jogadores ucranianos sentem o mesmo que os jornalistas. Queixam-se aos dirigentes do clube de que "não querem jogar com macacos". O treinador sérvio me disse:

— Fiquei surpreso pelo fato de os garotos do time não gostarem dos negros. Não é dessa forma que devemos pensar aqui na Europa. A Europa está associada à civilização. Esse pensamento é típico de um povo primitivo. Podemos perceber o quanto eles (os ucranianos) estiveram isolados, de várias maneiras, em sua forma de pensar etc.

E no entanto esse ódio não é sinal de isolamento, mas do oposto. Há uma estranha uniformidade no vocabulário que os torcedores europeus utilizam para demonstrar que odeiam os negros. Os insultos simiescos que proferem são os mesmos. Embora tenham melhorado com o passar do tempo, ingleses e italianos desenvolveram o hábito de fazerem ruídos imitando macacos quando os jogadores negros tocam na bola. Os poloneses jogam bananas no campo. Isso não se deve à televisão, que raramente exibe esses aspectos mais sutis do comportamento das torcidas. Também não é de bom tom discutir essas ofensas em público. Esse comportamento tornou-se uma mera tradição popular em todo o continente, transmitido através dos estádios, de um torcedor para outro, de pai para filho.

Com base nesse relato, pode-se imaginar que o racismo seja a conclusão lógica da trajetória histórica de afastamento do pluralismo que caracterizou a cidade de Lviv. No passado, a cidade transbordava cosmopolitismo, um lugar onde era possível encontrar estranhas alquimias culturais. Sob o domínio do Império Austro-Húngaro, até o fim da Primeira Guerra Mundial, a cidade era cheia de grandes casas de ópera e ornada de cafés como aquele em que Yuri e eu tomamos chá. Ela adquiriu a atmosfera afetada da *Mitteleuropa*. Uma vigorosa mistura de etnicidades – poloneses, judeus, alemães, russos e ucranianos – contribuía para dar substância a essa estética mundana. O caldeirão racial de Lviv alimentou escolas filosóficas, grandes universidades, poetas e intelectuais de porte internacional, como o economista Ludwig van Mises e o esteta Martin Buber.

Considerando-se que Lviv foi fundada como uma fortaleza ucraniana, muitos ucranianos achavam estranho que seu povo tivesse ganhado tão pouco no período áureo da cidade. Começaram a nutrir profundos ressentimentos em relação à presença de tantos intrusos. Durante a Segunda Guerra Mundial, aproveitaram a oportunidade para reverter esse quadro. Muitos ucranianos da cidade atuaram com os alemães na eliminação dos judeus – que um dia representaram cerca de 30% da população local. Logo após o fim da guerra, num ato sancionado por Stálin, deportaram em massa a metade polonesa da cidade. Por fim, com o expurgo de judeus e poloneses, os ucranianos puderam deixar suas aldeias e ocupar as casas vagas em Lviv.

Depois de sua chegada à cidade, eles compensaram os anos de autopiedade desenvolvendo uma nova teoria que afirmava sua superioridade. Olhavam para o Leste, na direção de outras grandes cidades da Ucrânia – Kiev, Odessa, Donetsk –, e viam os russos misturando-se aos ucranianos. Sem luta, os povos do Leste trocaram a língua ucraniana pelo russo, realizaram casamentos mistos e abraçaram o sistema soviético. Silenciosamente, em suas casas, de modo a não chamar a atenção do aparato comunista, os moradores de Lviv rejeitaram esses outros ucranianos como traidores culturais.

Numa atmosfera de nacionalismo e ressentimento, contudo, o racismo não existe de fato. Excetuando-se esporádicas e grosseiras explosões de ódio, a situação não está nem perto de ser tão ruim como na Europa Ocidental. Nos jogos, os torcedores não imitam macacos quando Edward entra em campo ou toca na bola. Mesmo o racismo dos jogadores não pode se comparar ao das ligas da Inglaterra e da Itália. No vestiário do Karpaty, os ucranianos nunca tiveram confrontos abertamente raciais com os nigerianos.

A diferença é esta: Lviv tem 830 mil habitantes e apenas 50 africanos. A maioria – Edward e Samson são exceções – estuda nas universidades locais e deixará a Ucrânia dentro de poucos anos. Seu número simplesmente não é suficiente para gerar atritos nem uma reação ou ideologia política. Não há grupos extremistas como o Partido Nacional britânico, nem políticos como o francês Jean-Marie Le Pen para atiçar e politizar o ódio. Os sentimentos dos ucranianos são primitivos demais para sequer merecerem o sufixo "ismo". O que eles sentem está mais próximo da aversão ingênua ao desconhecido, como a recusa de uma criança de oito anos a jantar num restaurante etíope.

Passeando com Edward por Lviv, essa reação fica evidente. Sentado com ele no McDonald's, olhei em volta e vi uma garotinha loura com um pato amarelo na blusa vermelha olhando para Edward de queixo caído. Quando o apontou para o irmão, este entrou no mesmo estado de choque. Ambos cobriram a boca com as mãos para disfarçarem o riso. A mãe tentou fazer com que se virassem, constrangida pela grosseria. Mas ela também ficava olhando para Edward. Quando, por minha vez, os apontei, ele me disse que provavelmente nunca tinham visto um negro fora do aparelho de TV na sala de estar.

— Sem problema.

Existe outra razão para a hostilidade aos nigerianos do Karpaty, relacionada com a política do pós-comunismo. Após o colapso da União Soviética, os ucranianos deram início a um projeto de regeneração cultural e nacional. Podia-se ver esse impulso em suas duas instituições mais amadas, a língua e a igreja. Os judeus e os russos de Lviv que não falavam ucraniano foram intimidados e desafiados a mudarem de língua. Por toda a cidade, velhas igrejas ucranianas foram restauradas das ruínas soviéticas. O governo pós-comunista fez com que o Museu do Ateísmo recuperasse sua grandeza barroca. As cruzes foram devolvidas a esses prédios. Com efeito, elas começaram a aparecer por toda parte, sobre os morros e nas praças. As comemorações da Páscoa, antes proibidas, tornaram-se motivo de grandes investimentos nos costumes e na culinária tradicionais.

Quando Edward chegou, o ego nacional estava particularmente frágil. Com dez anos de pós-comunismo, as alegrias da liberdade haviam começado a ser percebidas como lugar-comum, e o projeto de regeneração da Ucrânia parecia estagnado. Para muitos ucranianos, seu país ainda se sentia como uma colônia da Rússia. Os que falavam em uma alternativa para essa condição não apresentavam solução mais atraente. Propunham que a Ucrânia se tornasse (mais ou menos) um Estado-cliente da União Européia e dos Estados Unidos.

Esse desespero também se manifestava no futebol. Os ucranianos imaginavam que um dia tinham sido uma grande nação futebolística e agora precisavam importar nigerianos para voltarem a ser grandes. Esse fato não podia ser interpretado de outra maneira: era uma humilhação, um pensamento de curto prazo do pior tipo possível. Se os oligarcas queriam que a Ucrânia se tornasse novamente uma grande nação no futebol, por que não investir o dinheiro gasto com Edward no desenvolvimento de jovens talentos ucranianos? Yuri, o capitão, me disse:

— Pelo preço de Edward, poderíamos ter criado dez jogadores ucranianos.

V.

Edward não gosta de admitir que tenha inimigos ou problemas. Em parte, porque é um sujeito afável. Na prática, só Edward brinca com os garotos do bairro que se reúnem em torno de seus ídolos. Recrutou um deles para ajudá-lo a treinar cabeçadas. Ao terminar, foi até o pequeno assistente para passar a mão no seu cabelo. Mas Edward também se esforça em ter cuidado com o que fala, pois não deseja atrair qualquer má vontade que possa acabar interferindo no seu sonho de jogar na Europa Ocidental. Notei esse cuidado pela primeira vez ao visitar seu apartamento. Ele me mostrou fotografias que tinha acabado de revelar. Algumas delas documentavam treinamentos realizados em fevereiro. Perguntei se era difícil jogar no inverno ucraniano:

— Sem problema. Não é tão ruim – respondeu ele.

Sua resposta contradizia tudo aquilo que eu tinha ouvido falar sobre os invernos ucranianos – precisamente o que seria de esperar nos contrafortes dos Cárpatos. As condições tornam-se tão glaciais que a liga faz um intervalo de quase quatro meses no meio da temporada. Simplesmente é cruel demais jogar toda semana. Quando o clube retornou de seu último intervalo de inverno, uma unidade do Exército passou sete dias quebrando a camada de gelo de 15 centímetros de espessura que cobria o campo. Mas o reinício da temporada, no começo de março, dificilmente coincide com o degelo da primavera. No ano passado, o Karpaty jogou uma partida com o termômetro registrando 30 graus centígrados abaixo de zero, o que não chega a ser raro.

Nas fotografias de Edward, o time está treinando num campo coberto de neve. As laterais são demarcadas com areia. Até mesmo os ucranianos de pele rosada estão cobertos com chapéus de lã, calças compridas e parcas pesadas. Muitos nigerianos que jogam na Ucrânia se queixam amargamente de sua incapacidade de atuar sob essas temperaturas. Dizem que, congelados, seus pés parecem martelos, enquanto seu estilo de jogo exige a delicadeza de um cinzel. Os jornalistas esportivos ucranianos já assinalaram que os nigerianos tendem a marcar todos os gols no início do outono e no final da primavera. Vendo Edward na foto, com os braços enrolados em torno do tronco, torna-se mais que claro que o inverno da Ucrânia também é um grande problema para ele.

O clima pode ser um enorme choque para os nigerianos. Mas não é o único. A cultura futebolística ucraniana colide violentamente com o estilo de jogo a que os nigerianos estão acostumados. Mais do que quase todos os outros povos do mundo, os ucranianos têm uma abordagem idiossincrática do futebol. O responsável por essa abordagem foi um treinador, com formação de bombeiro hidráulico, chamado Valeri Lobanovsky. Aplicando a lógica do marxismo científico ao esporte, ele acreditava que o futebol poderia ser dominado revelando-se os fundamentos matemáticos do jogo. Criou um sistema de valores numéricos representando cada "ação" numa partida. Conforme concebeu, um grupo de "cientistas" analisava os passes, desarmes e chutes. Esses cientistas anotavam as "ações bem-sucedidas" e "malsucedidas", e seus dados alimentavam um computador que produzia uma avaliação da "intensidade", "atividade", "taxa de erros" e "efetividade" dos jogadores.

Lobanovsky dirigiu intermitentemente o Dínamo de Kiev durante décadas, e mais tarde a seleção nacional da Ucrânia. Seu sistema virou um evangelho, internalizado por gerações de técnicos e jogadores. Mesmo após sua morte, em 2002, a federação nacional continua a enviar cientistas a todos os jogos profissionais realizados na Ucrânia. O sistema de Lobanovsky privilegia um estilo de jogo muito específico: vigoroso e frenético. Os jogadores trabalham incansavelmente para ganhar pontos. Jogam de forma mais agressiva na defesa que no ataque, porque é lá que se obtêm os pontos. De certa maneira, esse sistema imita o regime soviético no qual foi concebido. Tal como os soviéticos, ele inibe a iniciativa individual. Não há nada em sua avaliação de pontos que meça a criatividade ou a ousadia. Um passe vertical recebe a mesma pontuação que um passe horizontal; um drible espetacular não significa nada.

Multiplicando o efeito inibidor do sistema de Lobanovsky, os ucranianos transformaram a ação dos treinadores num fetiche. Eles desempenham um papel semelhante ao do Partido Comunista, impondo as formações estratégicas corretas e uma cultura autoritária. Os jogadores ucranianos comumente observam seus treinadores, tentando descobrir se ganharam sua aprovação. A iniciativa humana não tem lugar nesse mundo.

O futebol ucraniano não podia ser mais diferente do nigeriano. O paradigma que governa o futebol nigeriano trata o esporte menos como ciência que como arte. A Nigéria é o Brasil da África – engenhoso, indisciplinado e elegante. Os ucranianos se lançam loucamente sobre a bola, independente da parte do campo em que ela esteja. Os nigerianos são treinados para poupar energia, e perseguem a bola de maneira mais seletiva. Além disso, atacam de forma diferente. Os ucranianos gostam de fazer gols explorando com rapidez os lapsos da defesa, fazendo a bola atravessar o campo por meio de passes longos. Freqüentemente executam jogadas ensaiadas, com os jogadores se movendo segundo padrões predeterminados, jogadas tão intrincadas quanto as concebidas pelo treinador de futebol norte-americano Vince Lombardi. Os nigerianos, por outro lado, estão acostumados a um ritmo de ataque mais cadenciado, em que as oportunidades são criadas por meio da habilidade e dos passes curtos.

Tudo isso é uma forma de desculpar Edward por seu desempenho abaixo da média no Karpaty – e o fato de os outros africanos que jogam na Ucrânia não conseguirem realizar plenamente o seu potencial. Em dois anos, Edward marcou poucas vezes. Apesar da abundância de seus talentos naturais, ele nunca parece natural num campo ucraniano. Os jogadores se chocam com ele quando chuta, algo que nunca tinha vivenciado antes. Treinadores e colegas de equipe exigem que ele ajude na defesa. Como nunca aprendeu a arte do desarme, sempre calcula mal o tempo e acaba acumulando faltas ridículas.

Quando assisti a um jogo do Karpaty, o time precisava desesperadamente da vitória. A temporada se estenderia por mais dois meses apenas, e só uma pequena distância o separava da zona de rebaixamento. Nessa conjuntura decisiva, o técnico tirou Edward da escalação inicial pela primeira vez desde sua chegada ao Karpaty. Só o utilizou, como substituto, nos cinco minutos finais. Edward se esforçou, correndo para cima e para baixo pelo lado direito. Mas só uma vez a bola tocou em seus pés.

Depois do jogo, nós nos encontramos fora do vestiário. Todos os outros jogadores pareciam exultantes – ou pelo menos aliviados – pelo resultado da partida, uma vitória por 1 x 0.

— Parabéns – disse eu.

— Parabéns por quê? Joguei cinco minutos. Não fiz nada.

O tom de rejeição e a evidente insegurança pareciam não combinar com o personagem. Mesmo que os maneirismos e o tom de voz de Edward muitas vezes traíssem seu nervosismo, suas palavras sempre transmitiam total confiança. Quando seu contrato expirasse, ele iria para uma liga da Europa Ocidental. "A Espanha é o lugar para o qual eu gostaria de ir depois." Mas fora do vestiário ele se via diante do fato apavorante de que sua carreira na Ucrânia talvez não durasse muito tempo.

Os colegas de time de Edward já haviam trocado de roupa e entrado no ônibus do clube que os levaria ao centro de Lviv. Uma multidão de torcedores do Karpaty tinha se despedido deles. Edward não se juntou aos companheiros. Um dirigente da federação ucraniana o escolhera aleatoriamente para um teste de *dopping*, e a comissão técnica do clube queria pesá-lo. Estavam preocupados com a possibilidade de que um excesso de peso estivesse reduzindo sua velocidade em campo. Edward caminhava pelas instalações do Karpaty de pés descalços, ainda de uniforme.

— Não sei por que o técnico e o diretor-geral querem que eu me pese. Não estão fazendo isso com mais ninguém. Nenhum outro jogador. Dizem que estou muito pesado. Mas eu tinha 77 quilos quando cheguei aqui. – Ele me segura gentilmente pelo cotovelo para garantir minha atenção. — Agora tenho 71. Não sei por que eles cismaram comigo. Por que eles cismaram comigo?

O zelador do campo interrompeu Edward. Queria fechar o estádio. Com a mão, fez um gesto para que ele parasse de falar, pegasse suas coisas e saísse.

— Veja você, sou um cidadão do mundo – diz o técnico sérvio Ivan Golac.

Com um sotaque que contém apenas ligeiros traços de suas raízes balcânicas, ele apresenta evidências para sustentar a afirmação. Sua principal residência ainda fica em Viena. No verão, ele foge para um apartamento na França, bem perto da fronteira com a Espanha, onde caminha com a mulher por trilhas tranqüilas na montanha. Porém, mais que um cidadão do mundo, ele é, de coração, um cidadão inglês.

O caso de anglofilia de Golac começou como uma obsessão de adolescente. Antes mesmo que o termo aparecesse na Belgrado comunista, ele era um adepto do *flower power*. Usava o cabelo pelo ombro e adquiriu um interesse fanático pela cena musical inglesa que ia muito além dos Stones, dos Kinks e do The Who. A *Swinging London* contava com um bom cartaz no futebol, a seleção inglesa vencera a Copa do Mundo nos anos 1960. Seus componentes jogavam com tal entusiasmo e brilho que Golac desejava desesperadamente se juntar a eles.

— Eu sonhava em jogar na Inglaterra.

Por uma década, ele viveu esse sonho jogando no Southampton e levando uma vida de fidalgo rural no verdejante sul da Inglaterra.

Tal como Edward, Golac foi mandado para lugares distantes pela economia do futebol. Quando apareceu a oportunidade de treinar o Karpaty, seu contrato por tempo reduzido com uma equipe da Islândia sediada do outro lado da baía de Reykjavik acabara de expirar.

— Um amigo me disse que havia um clube da Ucrânia com um dono ambicioso. Isso me interessou profundamente.

Quando nos sentamos no Café Vienense e pedimos sorvete, ele já tinha sobrevivido por quatro meses no futebol ucraniano. Seu começo no cargo não fora muito bom. Golac chegou ao Karpaty e mergulhou imediatamente num período de derrotas. Sua concepção inglesa do jogo não combinava com os hábitos lobanovskianos dos jogadores. Os dirigentes do clube ficavam tensos com sua preferência por dar aos jogadores o poder de tomar decisões de ordem tática durante as partidas. E, ao ganharem um pouquinho de livre-arbítrio em campo, eles pareciam idiotas em matéria de futebol.

— Para mim foi um choque. Eles não tinham permissão para pensar.

Também era preciso enfrentar o problema dos nigerianos. Era impossível negar que o experimento químico do time havia criado compostos corrosivos.

Em meu primeiro encontro com Golac, ele deixou claro que se considerava abençoado por ter estado fora da Sérvia no período de guerra. O desmoronamento da Iugoslávia multiétnica o havia entristecido e perturbado. Em sua condenação do racismo ucraniano, ele invocou novamente essa posição:

— Sei como é o nacionalismo e fiquei surpreso ao ver como ele é forte aqui.

Voltando ao tema de Edward e Samson, ele disse:

— São bons rapazes. É difícil para os jogadores africanos se adaptarem, especialmente tendo de treinar a uma temperatura de menos 25. É difícil para nós europeus, que dirá para eles. Eles ficam muito por baixo, muito deprimidos. É aí que é preciso ser muito cuidadoso, muito gentil com eles.

Ouvindo-o falar com sua voz confiante e suave, eu o imaginei como um fantástico psicólogo. No treinamento, tinha percebido que ele criticava os jogadores sem lhes ferir o ego. Pedi que explicasse a metodologia.

— Pode descrever a abordagem da gentileza?

— Eu digo a eles: "Rapazes, vocês têm habilidade. Imagino que tenham ambição. Se não se saírem bem, se não forem disciplinados, se não tiverem ambição suficiente, e não puderem se adequar à minha ambição, mando vocês de volta para a África."

Nossa conversa me fez reviver o clima da semana anterior. Depois de orientar o time durante uma série de amargas derrotas, o treinador resolveu recorrer à ajuda divina. A equipe visitou uma igreja da aldeia, não muito distante do complexo de treinamento do Karpaty, a 15 minutos do centro da cidade de Lviv.

Na árvore genealógica do cristianismo, os ucranianos têm o seu próprio ramo divergente, chamado catolicismo grego. Como se evidencia pela arquitetura da igreja, a denominação compartilha muitos traços e tradições com a ortodoxia russa. Essa igrejinha de aldeia tem uma cúpula coberta de prata, que se afunila numa curva caracteristicamente oriental ao estilo da Praça Vermelha. Lá dentro, são abundantes os ícones à moda pré-perspectivista medieval, exibidos num altar com três bancadas e folheado a ouro.

No caminho para a igreja, o ônibus passou por uma família numa carroça puxada a cavalo e por camponesas usando enxadas para cavar seus pequenos jardins dianteiros. Quando o time chegou a seu destino, a última missa não tinha terminado. A equipe desceu do ônibus e esperou em frente à igreja. Como sempre, Edward e Samson ficaram juntos. Em trajes de corrida e de tênis, dificilmente pareceriam preparados para uma cerimônica sagrada.

Do outro lado da rua, o treinador e a comissão técnica aguardavam, formando seu próprio grupo. O principal auxiliar técnico, um homem de aparência rude com um corte de cabelo marcial, os entretinha.

— Edward está sempre se benzendo. – Ele inclinou a cabeça e fez o gesto, na versão greco-católica, com o exagero de um comediante. Os técnicos riram. — Queria que os rapazes ucranianos fizessem a mesma coisa com maior freqüência.

Ele juntou as mãos, olhou para o céu e sorriu com sarcasmo. A comissão riu um pouco mais.

Após alguns minutos de uma espera constrangedora, o diretor executivo do clube fez um sinal para que o time entrasse na igreja. Os ucranianos fizeram o sinal da cruz sobre o peito em rápida seqüência praticamente a cada batente e dobradiça de porta. Suas mãos nunca repousavam. Numa entrada, pararam para beijar os pés de um crucifixo pendurado numa parede lateral quase invisível. Um sacerdote de barba espessa vestido num traje branco ondulante cantava o fim da liturgia.

Enquanto os ucranianos caminhavam entusiasticamente na direção do sacerdote, os dois jogadores muçulmanos do Karpaty, ambos da antiga Iugoslávia, pararam perto da parte de trás da igreja. Embora parecessem muito concentrados no ritual, ficavam mexendo as mãos, do bolso para as costas e novamente para o bolso. Os ucranianos – e a Igreja Católica Grega – tinham apoiado vigorosamente seus irmãos eslavos da Sérvia em sua guerra contra os muçulmanos da Bósnia. Quando o cetro do sacerdote espargiu água benta sobre a equipe do Karpaty, os dois jogadores se esquivaram como se fossem toureiros.

Sem uma palavra de explicação, o sacerdote então desapareceu por trás do altar e voltou aos cânticos. Um por um, os atletas caminharam para a frente da igreja e realizaram os rituais greco-católicos. Edward tentou imitar os ucranianos: fazer o sinal da cruz sobre o peito; ajoelhar-se no chão; beijar o ícone de Jesus com sua mortalha; limpar as marcas dos lábios com a roupa; repetir o ciclo.

Edward levantou-se. Seguindo os companheiros de equipe, caminhou para o altar dourado. Na frente dos ícones, ajoelhou-se. Fez o sinal da cruz, juntou as mãos e rezou.

7 COMO O FUTEBOL EXPLICA os novos oligarcas

I.

A fama de Pierluigi Collina desafia todas as leis da celebridade no esporte. Sua aparência mal-assombrada inclui uma cabeça de Kojak, a palidez de um tuberculoso e olhos arregalados saltando das órbitas. Ele corre como um avestruz. Há, porém, uma coisa muito estranha em relação à sua celebridade: ele não é um atleta, mas um árbitro.

Para sermos justos, não se trata apenas de um burocrático aplicador de regras. Collina é amplamente considerado o melhor praticante de seu ofício. Ele atuou – combinando uma obstinação excepcional com a sensibilidade de um diplomata – em finais de Copa do Mundo e em partidas como Argentina x Inglaterra, uma espécie de revanche da Guerra das Malvinas. Seu renome hoje é tal que ele aparece em anúncios da Adidas ao lado de David Beckham, Zinedine Zidane e outros virtuoses. Páginas de moda da revista GQ, assim como incontáveis perfis publicados em outros periódicos, mostram-no em sua bem cuidada casa de campo, brincando alegremente com seus cachorrinhos.

Não apenas nos Estados Unidos, mas em qualquer outro país essa adoração pareceria estranha. Os italianos, porém, costumam elevar seus árbitros à condição de celebridades. Colegas de Collina têm se candidatado ao Parlamento e, após a aposentadoria, assumido carreiras confortáveis como comentaristas de televisão. Os árbitros alcançaram essa notoriedade porque a mídia italiana devota uma atenção cuidadosa a cada cartão amarelo aplicado e a cada entrada faltosa ignorada. Os jornais usam sistemas de atribuição de estrelas para julgar o trabalho dos juízes, tal como fazem com restaurantes ou filmes. Publicam regularmente análises estatísticas – até a segunda casa decimal – que buscam revelar os verdadeiros vieses dos árbitros. Um programa de televisão de elevada audiência intitulado *Il Processo* reúne um júri de jornalistas e ex-jogadores que disseca as minúcias de decisões controversas. Para julgarem os juízes, os jurados utilizam um arsenal de ferramentas tecnológicas. O super *slow motion* pode mostrar que um jogador estava 16 centímetros além da linha de impedimento. *Il Processo* repete infinitas vezes a queda de um jogador, de modo a que o júri possa determinar com precisão se ele estava simulando uma falta.

Entender a importância da arbitragem exige uma breve menção aos paradoxos do futebol italiano. Como todos sabem, os homens italianos são os maiores janotas do planeta. Eles aplicam doses substanciais de produtos nos cabelos e gastam uma quantidade considerável de energia mental combinando as meias com os cintos. Graças ao seu dandismo, o mundo tem Vespa, Prada e Renzo Piano. Com essa devoção teológica ao prazer estético, é verdadeiramente assombroso que seu estilo de futebol seja tão desprovido de tal qualidade.

A partir da década de 1960, os italianos começaram a praticar uma estratégia altamente defensiva chamada *catenaccio*, o ferrolho. Essa formação acrescenta à defesa um reforço extra, o líbero, apoiando uma já robusta linha defensiva que marca homem a homem. Nesse arranjo, o ataque não tem muitas alternativas. Os gols são feitos em contra-ataque, com a bola sendo lançada em rápidos passes em profundidade. Dessa forma, os gols são raros, geralmente apenas um ou dois por partida. Com tão poucas oportunidades de marcar, e tão pouca margem para erro, os jogadores são obrigados a fazer o possível para ganhar o controle do jogo. Daí o maior clichê do futebol italiano – o apaixonado *mamma mia* gesticulando com as duas mãos em sua discussão com o árbitro.

Embora o antigo estilo *catenaccio* tenha sido consideravelmente modificado nos últimos anos para se tornar mais ofensivo, os fundamentos do sistema se mantêm. As reclamações e a malandragem ainda podem fornecer vantagens decisivas nas partidas. Jogadores se atiram no chão na esperança de induzir o árbitro a marcar uma falta. Contestam cada decisão, calculando que podem gerar dúvidas suficientes para ganharem uma compensação em outro momento do jogo. Depois de cada gol, a defesa levanta os braços em sinal de protesto, como se esse gesto pudesse forçar o auxiliar a erguer a bandeira marcando impedimento.

Devido ao papel fundamental do árbitro para o resultado dos jogos, os times fazem o possível para influenciá-lo. Quase todo ano há um novo debate sobre os procedimentos de contratação dos juízes. No sistema atual, uma comissão composta por dois membros dá uma peneirada no *pool* de juízes antes que seus nomes sejam submetidos a um sorteio. Sabe-se que um dos membros da comissão tem o apoio dos clubes mais poderosos, o Juventus de Turim e o Milan. O outro representa o restante da liga. O resultado é que o Juve e o Milan muitas vezes se vêem na possibilidade de manipular o sistema, fazendo com que seus jogos sejam apitados pelos árbitros mais medíocres e de mentalidade mais provinciana, que são (inconscientemente) mais deferentes em relação a esses prestigiosos clubes. É raro que o famoso Collina e colegas escrupulosos como ele sejam designados para apitar os jogos do Juve. Outros juízes que marcaram pênaltis decisivos contra o Juve acabaram atuando na humilde série B.

Nosso conhecimento limita-se à manipulação aberta. É claro que há muito mais por trás dos panos. O fato de Milan e Juventus terem tanto poder sobre o processo de seleção é em si mesmo uma evidência segura de negócios escusos, levantando uma longa série de questões sobre transações entre dirigentes de clubes em salas esfumaçadas. Todos comentam sobre essas tramóias secretas, mas raramente têm provas concretas daquilo que afirmam. Só em poucas ocasiões é que alguns dos sórdidos detalhes ocultos vieram à tona. Em 1999, o jornal *Gazzetta dello Sport* expôs que o A.S. Roma tinha dado a cada um dos principais árbitros italianos um Rolex de 13.500 dólares, no evento que foi denominado "A

Noite dos Relógios". Segundo a reportagem, nenhum dos juízes devolveu o presente.

Inegavelmente, Juventus e Milan obtêm mais benefícios de arbitragens amigáveis que quaisquer outros clubes italianos. E, de certa forma, isso não choca. Os clubes grandes, historicamente dominantes, parecem gozar universalmente do benefício da dúvida. Mas a manipulação dos árbitros na Itália é coisa bem mais deliberada. Juventus e Milan usam dois caminhos muito diferentes para obter um tratamento generoso, e esses dois modos não revelam apenas um contraste entre organizações. Revelam diferenças básicas entre seus proprietários – as forças mais poderosas na Itália do pós-guerra, representantes de dois estilos muito diversos de oligarquia.

O Juventus é um brinquedo da família Agnelli, proprietária da Fiat e de uma percentagem substancial da bolsa de valores de Milão. Mais que qualquer outra família na Europa, os Agnelli representam o estilo de classe dominante pré-globalização que imperou em grande parte do mundo latino durante o século XX. Embora sejam industriais, no auge de seu poder os Agnelli se comportavam como latifundiários da América Central. Pouco faziam para alardear sua influência, preferindo esconder-se nos bastidores, enquanto controlavam tranqüilamente os políticos que regulamentavam seus impérios empresariais. Sua discrição contribuiu para um problema duradouro da política italiana: ninguém conseguia localizar os verdadeiros centros de poder, condição que exacerbava a permanente tendência italiana de se preocupar com conspirações. Apesar do sistema obtuso, tornou-se claro que ele funcionava desta maneira: uma coalizão de industriais do norte, políticos democrata-cristãos corruptos e mafiosos do sul controlava o país. Os políticos viviam das propinas dos industriais, e estes sobreviviam dos contratos com o Estado, que recebiam em retribuição. Só com as investigações anticorrupção dos "mãos-limpas" no início dos anos 1990 e o indiciamento de centenas de políticos é que esse sistema caiu por terra.

Durante a maior parte do pós-guerra, o Juventus gozou de um domínio semelhante ao dos Agnelli, interrompido apenas por um curto intervalo nos anos 1960. Tornou-se uma espécie de seleção italiana, com mais torcedores espalhados pela península do que qualquer outro time. Mas nos anos 1980 o Juve viu seu poder seriamente ameaçado pelo Milan. Os arrivistas deviam o sucesso recente quase que exclusivamente a seu extravagante proprietário, Silvio Berlusconi. No curso de duas décadas, ele construiu um grande império, partindo do ramo imobiliário para se estender à televisão, aos jornais, à publicidade e aos seguros. Oito anos depois de comprar o clube, em 1986, ele fez com que o sucesso o levasse aos pináculos do poder, tornando-se primeiro-ministro, cargo que agora ocupa pela segunda vez.

Segundo seus críticos de esquerda, seu emaranhado de interesses representa um perigo para a democracia, o prenúncio de um novo ditador: o magnata da mídia ao estilo Cidadão Kane, capaz de manipular e controlar o discurso público a fim de atingir um nível tal de lucros e poder que jamais será de fato ameaçado. E na economia globalizada, argumentam, a mídia tem muito mais poder. Esses magnatas não precisam mais competir com redes públicas de televisão nem lutar por fatias do mercado com empresas estatais, enfraquecidas pela privatização e a desregulamentação. Agora que podem operar no plano global, é possível a magnatas como Silvio Berlusconi desenvolver economias de escala que os tornam ainda mais oligárquicos e politicamente intocáveis.

Mas existem diferenças-chave que distinguem os novos oligarcas de seus predecessores. Como vendem ações de suas empresas nas bolsas de valores e fazem negócios com corporações multinacionais, fica mais difícil esconderem sua riqueza e influência. E, mesmo que pudessem fazê-lo, essa humildade iria contra seu estilo. Tal como Berlusconi, são novos-ricos que tendem a ostentar suas riquezas. Conseqüentemente, todos conhecem e compreendem seus conflitos de interesses. É claro que isso não desculpa os pecados dos novos magnatas – e com certeza não desculpa Berlusconi pelas propinas, pela manipulação do governo para promover seus interesses e por outros pretensos delitos –, mas os torna mais transparentes e, de uma forma peculiar, um avanço democrático em relação aos antigos regimes.

II.

Quando Berlusconi comprou o Milan, este era um time com um passado glorioso que mergulhara em tempos difíceis. Ele o tornou grande outra vez, infundindo-lhe brilho, jogadores estrangeiros e seu faro para o espetáculo. O Juventus tem um estilo totalmente diverso. Sempre foi grande, exibindo a simplicidade do dinheiro velho. Seus proprietários, os Agnelli, são com freqüência descritos como "a monarquia não-oficial italiana". Enquanto Berlusconi tenta projetar uma *persona* populista, os Agnelli preferem a imagem da nobreza. O falecido *pater familias* Gianni Agnelli, com suas echarpes, era o opulento *playboy* europeu por excelência. Circulava com Jackie Kennedy e Rita Hayworth. Passou anos afastado da devastação da Itália do pós-guerra, perambulando pela Riviera.

Como os Agnelli não alardeavam sua riqueza e poder, era fácil subestimá-los. Calcula-se que, no início dos anos 1990, os Agnelli influenciavam ou controlavam empresas de serviços bancários, seguros, produtos químicos, têxteis, armamentos, serviços financeiros, cimento e publicações, com um valor de mercado que totalizava cerca de 60 bilhões de dólares. Isso significa aproximadamente um terço de toda a capitalização do Milan no mercado de valores. A Fiat controlava uma parte substancial do império editorial Rizzoli, além de jornais importantes, incluindo o *Corriere della Sera*, o *New York Times* italiano. Seria de se estranhar que tanto dinheiro e influência não comprassem um enorme poder. Segundo uma antiga piada, o papel do primeiro-ministro italiano é polir a maçaneta dos Agnelli. Eles consideravam direito seu exercer influência na política. "Os industriais são ministeriáveis por definição", proclamou uma vez o avô de Gianni Agnelli.

O Juventus tem o apelido de "Velha Senhora", denominação improvável para um clube dirigido por um proprietário tão elegante quanto Gianni Agnelli. Apesar dos vistosos jogadores estrangeiros e dos ocasionais períodos de futebol atraente, seu estilo tem sido principalmente uma extensão da monotonia de seu uniforme preto e branco. Suas obsessões táticas e defensivistas deixam pouca margem para o erro e põem muita coisa nas mãos dos árbitros. Não obstante, o Juventus se coloca como a monarquia informal do futebol italiano. Desde de 1930, quando o esporte se profissionalizou, o clube ganhou 25 campeonatos e foi vice 14 vezes.

O que é chocante nesse retrospecto, excluindo-se o domínio cabal que ele representa, é a freqüência com que o Juventus tem ganhado o campeonato no final da temporada em partidas de arbitragem duvidosa. A extensão dessas paródias arbitrais pode ser vista no site www.anti-Juve.com. Vale a pena ver com os próprios olhos as faltas fantasmas anulando gols vitais dos oponentes do Juventus. Vêem-se flashes em que a bola cruza a linha do gol do Juve, mas, inexplicavelmente, o árbitro não assinala o tento.

Um exemplo recente dessa história de infâmias ilustra perfeitamente o argumento dos críticos. Em 1998, o Juventus ganhou a chamada "temporada do veneno". O triunfo deveu-se ao fato de árbitros terem anulado gols claros de seus adversários e deixado de marcar faltas cometidas por seus jogadores. Embora o Juve tivesse cometido mais faltas que qualquer outro time da liga, recebeu o menor número de cartões vermelhos, uma incoerência estatística que desafia o raciocínio lógico. A temporada pode ser resumida por um jogo contra seu rival mais próximo, o Inter de Milão. Quando um jogador do Juve derrubou claramente o atacante brasileiro Ronaldo, do Inter, o juiz não deu o pênalti. Um pouco depois, do outro lado do campo, ele marcou uma penalidade duvidosa a favor do Juve num ato evidentemente teatral em que a causa da queda de um jogador não podia ser explicada por nenhuma lei da física conhecida. O jogo foi decidido de forma tão patética que até mesmo um jornal de propriedade dos Agnelli, o *La Stampa*, condenou a entrega do troféu de campeão ao Juventus. "Não se pode ficar indiferente quando se é confrontado com certas coincidências tão singulares e, digamos, 'oportunas'..."

Depois da temporada, o poder do Juventus tornou-se uma vez mais objeto de um intenso debate. No Parlamento, um político pós-fascista chamado Domenico Gramazio protestou contra as paródias pró-Juve. "Um monte de árbitros italianos dirige Fiats", exclamou ele na sede do Legislativo. Sua acusação atingiu profundamente um de seus colegas, um ex-jogador do Juventus chamado Massimo Mauro. Em resposta aos ataques à honra de seu clube, Mauro começou a gritar: "Palhaço, palhaço!" Foi necessária a intervenção de seguranças uniformizados para impedir que Gramazio agredisse Mauro. Para evitar mais problemas e novas humilhações, o vice-primeiro-ministro encerrou a sessão.

Gramazio foi um pouco além das evidências. Excetuando-se casos isolados ocorridos no passado distante, não há provas diretas do envolvimento do Juventus em grandes propinas. Não obstante, o currículo do clube parece muito suspeito para ser creditado ao mero acaso e a erros pessoais de árbitros. Além disso, sabemos muita coisa sobre o estilo de Agnelli, da Fiat e da oligarquia italiana do pós-guerra. Não há dúvida de que Agnelli transformou a Fiat num gigante industrial por meio de uma esplêndida e carismática administração. E não há dúvida de que suas táticas administrativas incluíam o suborno de políticos. Ele mesmo já o admitiu. No início dos anos 1990, confessou que a Fiat havia pagado 35 milhões de dólares em propinas nos últimos dez anos. Embora a Fiat tivesse mais poder que a maioria das grandes empresas, dificilmente se poderia dizer que estivesse sozinha no que se refere a passar envelopes gordos por baixo da mesa. Sob o governo monopolista do Partido Democrata Cristão – organização que constituiu o cerne de todos os governos italianos do pós-guerra até a década de 1990 –, o suborno era um traço regularizado do mundo dos negócios na Itália. Os políticos assinavam contratos entre o governo e as grandes empresas e instituíam tarifas elevadas a fim de protegê-las. Em retribuição, essas empresas ajudaram a consolidar o controle dos democrata-cristãos e pagavam vultuosas gorjetas aos políticos pela ajuda. Carlo de Benedetti, o magnata que dirigia a Olivetti, um gigante da indústria, descreveu a Itália do pós-guerra como "mais perto do *souk* árabe do que de Bruxelas".

Mas depois das investigações "mãos-limpas" nos anos 1990, esse sistema veio abaixo. O braço-direito de Agnelli foi indiciado por toda espécie de acusações de corrupção. Privada da proteção política e forçada a competir num mercado europeu liberalizado, a Fiat foi superada por competidores estrangeiros e começou a afundar em dívidas. Iniciou então uma retirada dos negócios não-automobilísticos, concentrando as energias em salvar sua própria essência de uma decadência fatal.

Aqui termina a analogia entre política e esporte. Os eventos dos anos 1990 não tiveram paralelo no futebol. O prestígio e o domínio do Juventus foram pouco abalados. Mas agora encontram um formidável concorrente no novo oligarca Silvio Berlusconi do A.C. Milan.

III.

A *intelligentsia* italiana faz um retrato assustador de Silvio Berlusconi. Para lançar seu primeiro projeto imobiliário, dizem, ele obteve o dinheiro do investimento inicial fazendo um trato com a Máfia. Berlusconi só concorreu a um cargo eletivo, ao que se alega, depois que seu protetor político fugiu para a Tunísia a fim de escapar à prisão, deixando expostos seus negócios corruptos. Quando os jornalistas que emprega o desafiam, é comum ele acabar com suas carreiras.

Com essa imagem negativa em mente, não foi nada promissor o fato de eu ter sido seqüestrado pelo Milan. O evento ocorreu dois dias após o clube obter seu sexto título da Liga dos Campeões – um feito que só o Real Madrid já tinha alcançado. Naquela manhã, em meu quarto de hotel, liguei para o diretor de comunicações do Milan, um sujeito jovial chamado Vittorio. Tal como quase todos na organização, ele é um homem de Berlusconi. Está há anos na Fininvest (a *holding* que contém todo o império de Berlusconi), tendo começado como repórter de uma revista de entretenimento e depois ascendido na burocracia do Milan.

— Pegue um táxi e esteja aqui em 15 minutos, ok?

Ele me deu endereço de uma das ruas mais badaladas de Milão. Eu tinha outros encontros marcados naquele dia, mas não podia dispensar essa ajuda.

Quando cheguei, um homem barbudo de paletó de couro apertou firmemente minha mão.

— Frank? Perdoe-me. Um instante, por favor.

Ele pegou o celular, virou-se de costas para mim e começou a falar rapidamente, mas com uma voz suave. Um carro alemão apareceu do nosso lado.

— Vamos – disse ele, afastando do rosto a parte inferior do celular.

Eu imaginava que tomaríamos um café ou conversaríamos em seu escritório. Agora, num carro correndo por Milão a uma velocidade tipicamente italiana, eu não tinha certeza de nosso destino. Ao telefone, Vittorio não mencionara nenhum passeio, muito menos envolvendo tantos quilômetros assim naquela *autostrada*.

Finalmente, Vittorio recolocou o telefone no bolso. Como eu estava confuso demais pelo desconhecimento de nosso destino, não fiz as óbvias perguntas esclarecedoras. Mas não demorou para que Vittorio me dissesse o suficiente para eu perceber que nos dirigíamos a um dos campos de treinamento do Milan, uma instalação chamada Milanello.

— Quando voltaremos para a cidade? – perguntei. — Tenho encontros esta tarde.

— Quem sabe? – ele se virou no assento da frente com um sorriso largo. — Não se preocupe. O assessor de imprensa do Milan vai cuidar bem de você. – E me deu uma palmada no joelho.

O Milan gosta de cultivar uma imagem de glamour. O Milanello ostenta isso, inclusive no nome. Com seus prédios baixos cercados por terraços cobertos de caramanchões, um roseiral e bosques lindamente projetados, não seria surpresa se o Milanello tivesse pertencido a um visconde dotado de uma fortuna considerável.

— Você vai fazer um passeio pelas instalações – anunciou Vittorio, colocando a mão no meu ombro. — Mas primeiro o almoço.

Depois de pedir que me servissem um expresso no bar do time, ele me conduziu a uma sala de jantar para executivos em que atletas adolescentes almoçavam tranqüilos em modernas cadeiras de encosto alto.

O prédio inteiro fora impecavelmente decorado. As portas eram pintadas em laca vermelha com arremate preto, as cores do clube. Sofás brancos brilhavam naquele ambiente minimalista. Depois do almoço, Vittorio me levou para uma sala com porta envidraçada que dava para o campo do Milanello.

— Espere aqui – disse ele.

Dois dias antes, em Manchester, o Milan ganhara o sexto título da Liga dos Campeões, obtido nos pênaltis após 120 minutos com o marcador em branco. Enquanto eu esperava por Vittorio, entrou na sala Carlo Ancelotti, o vitorioso treinador do Milan, trazendo o portentoso troféu que o time acabara de ganhar. Vinha seguido por uma horda de criadas e outros empregados, aplaudindo. Quando Ancelotti tirava fotos com eles, o time começou a entrar na sala. Eu tinha aberto um livro e fingia estar lendo. Mas na verdade Vittorio armara uma cena que a maioria dos homens italianos seria capaz de matar para poder ver. Um desfile dos maiores jogadores do mundo – Manuel Rui Costa, Paolo Maldini, Alessandro Nesta – veio até mim e me apertou a mão. Eles se revezavam abraçando Ancelotti e erguendo a taça. Estavam num ótimo humor e, após minha breve interação com esses deuses do futebol, eu também estava contagiado.

Fui ao encontro de Vittorio, que, sentado no bar, tomava outro café.

— Um favor. Posso ir ao jogo de amanhã à noite? Você pode me conseguir uma credencial ou um ingresso?

Eu desejava ardentemente ver o Milan jogar em seu estádio futurista, o San Siro. E na noite seguinte ele enfrentaria o Roma pela final da Copa da Itália, um torneio que dura o ano inteiro e oferece o segundo título mais importante do país.

— Que bobagem. A assessoria de imprensa do Milan pode lhe conseguir o que você quiser.

Embora ninguém saiba ao certo como o Juventus consegue um tratamento tão simpático da parte dos árbitros, os sábios do futebol têm uma boa idéia de como o Milan o faz: manipulando a imprensa. O clube é famoso pelo tipo de receptividade que me ofereceu. Enquanto é com relutância que o Juventus deixa seus jogadores conversarem com os repórteres, e às vezes nem isso, o Milan libera a equipe para papear durante horas. Mesmo Berlusconi, conhecido por manter distância dos jornalistas políticos, sempre responde perguntas sobre seu amado Milan. Uma vez, reunido com o presidente israelense Ariel Sharon, logo após uma discussão a respeito da paz no Oriente Médio, Berlusconi começou a falar de sua falta de interesse pela aquisição de David Beckham, do Manchester United.

Eu já viajei com o pessoal da Casa Branca e em campanhas presidenciais norte-americanas, mas nem mesmo Karl Rove e Karen Hughes* têm a habilidade do Milan em lidar com a mídia. Quando fui à final da Copa da Itália, uma assessora de imprensa me recebeu no portão com um ingresso. Ela me deu dois beijos no rosto e prometeu que não me perderia de vista. A cabine de imprensa do Milan, situada ao ar livre à altura do meio do campo, de fato proporciona aos jornalistas os melhores lugares do estádio. Belas mulheres usando blazers com a insígnia do Milan – havia quase tantas delas quanto repórteres – passam continuamente pela cabine, como aeromoças, garantindo o seu conforto.

Como homem de televisão, Berlusconi sempre foi obcecado pelas aparências e por seduzir o público. É por isso que se esforça tão tenazmente por se manter bronzeado o ano todo e usa ternos com paletó tipo jaquetão, cortados com perfeição para esconder sua estatura napoleônica. No campo de treinamento do Milanello, o diretor da instalação conversou muito comigo sobre o interesse de Berlusconi pelos mínimos detalhes do paisagismo. Ele insistira no roseiral e mandara construir os terraços. Quando de suas visitas, a equipe de paisagismo retira os carros da parte da frente de modo a que ele possa apreciar melhor a beleza do terreno.

---

*Estrategistas políticos que desempenharam papel fundamental na campanha que levou George W. Bush à presidência. (N.T.)

Mas a preocupação estética é apenas um aspecto do faro de Berlusconi para a produção de grandes espetáculos – uma das marcas dos novos oligarcas. Esse talento pode ser visto no Milan, o maior de seus espetáculos. Embora ainda não seja tão ofensivo quanto os espécimes que podem ser encontrados na América Latina ou na Espanha, o Milan representa uma grande ruptura com a longa história do *catenaccio* italiano. Quando Berlusconi comprou o clube em meados dos anos 1980, ele importou holandeses como Marco van Basten, Ruud Gullit e Frank Rijkaard, este último com suas tranças rastafári, jogadores dotados de um instinto irresistível que os empurrava para o ataque. O time inteiro foi preparado para agradar e jogar um tipo de futebol mais bonito que qualquer coisa que o Juventus pudesse mostrar. E no final o Milan obteve o título da Liga dos Campeões e o *scudetto*, o troféu do campeonato italiano.

Sentado no San Siro, assistindo à final da Copa da Itália, tive um lampejo de como esse espetáculo pode ser poderoso e comovente. Depois do jogo, quando o time já tinha ganhado seu segundo grande troféu da semana, as luzes do estádio foram se apagando. A escuridão ressaltou as tochas que os ultras – os torcedores altamente organizados e entusiásticos – ostentavam sobre as cabeças, lançando uma fumaça vermelha. Lasers formavam no campo uma imagem contorcida da Copa Européia e do nome do clube em letras cursivas. Ao som de clássicos do rock, com os torcedores cantando, todos os jogadores entraram no gramado por um túnel inflável. A multidão interrompia o canto para gritar seus nomes à medida que surgiam. Ao meu redor, homens irrompiam em lágrimas. Alguém me diz que esse momento, tão comovente para mim, não é páreo para os verdadeiros espetáculos épicos que Berlusconi tem produzido através dos anos. O mais famoso foi um episódio apelidado "Apocalypse Now": depois de comprar o clube, Berlusconi apresentou o time levando os jogadores para o campo de helicóptero, tendo ao fundo a "A cavalgada das Valquírias", de Wagner.

Em quase todos os momentos de meus contatos com o Milan eu senti o toque manipulador da organização. Mas por que gastar tanto tempo tentando moldar as opiniões da imprensa? Em Roma, conheci um homem chamado Mario Sconcerti, que me explicou a importância de se ganhar a mídia. Ele abordou o tema de ambos os lados. Tinha sido editor do *Corriere dello Sport*, um dos dois diários nacionais dedicados amplamente à cobertura do futebol. Em 2001, Sconcerti foi dirigir as operações diárias da Fiorentina, um dos clubes mais famosos da Itália. Em seu elegante e gracioso apartamento de Roma, em meio a uma coleção de arte moderna que vai do chão ao teto, ele guarda uma fotografia emoldurada de irados torcedores da Fiorentina segurando uma faixa cheia de ofensas à sua pessoa.

Nos círculos restritos do futebol italiano, Sconcerti tem a reputação de rebelde, um homem com ego grande o suficiente para falar abertamente do poder dos Agnelli e de Berlusconi. Além disso, ele é de Florença, e os florentinos são famosos pelo ceticismo com que vêem o fato de Milan e Juventus terem ganhado tantos campeonatos enquanto seu time sempre "morre na praia". Se Sconcerti não fosse tão respeitado, eu teria achado sua visão do futebol italiano demasiado conspiratória e intrincada para considerá-la plausível, uma expressão de suas cismas e preconceitos.

Na opinião de Sconcerti, a imprensa pode ser manipulada para melhorar a posição de um time em até seis pontos, a diferença entre o campeão e o segundo colocado. Uma vez mais, a manipulação exercida sobre a imprensa se reflete nos árbitros. Ele afirma que a mídia pode ocultar ou expor o tratamento preferencial que os juízes dedicam ao Juventus e ao Milan. Se a imprensa lança uma cruzada contra um árbitro, faz com que este fique extremamente inibido. Ele vai ceder para evitar que seja visto como tendencioso, e mesmo sem intenção pode ir além disso.

Assistindo à televisão italiana, e a programas como *Il Processo*, pode-se ver precisamente como a mídia se porta em relação aos juízes. O próprio Sconcerti se encarregou de manipulações desse tipo. Durante a temporada de 2000, seu jornal lançou uma campanha em favor do Roma e do Lazio. Todos os dias, o *Corriere dello Sport* atacava o favorecimento de que eram alvo os clubes de

Agnelli e Berlusconi. E em certo momento, Sconcerti e outros acreditam, pôde-se perceber que os árbitros se tornaram mais generosos em relação ao Lazio e ao Roma. Nas temporadas de 2000 e 2001, assinala ele humildemente, os times de Roma ganharam os campeonatos nacionais. Essa foi uma rara oportunidade de ver alguém ousando quantificar o valor da manipulação da imprensa. Com o Milan, é quase impossível apontar as áreas em que a metralhadora giratória de Berlusconi produziu um tratamento favorável. Sconcerti, porém, está convencido de que o favorecimento existe. Sentado no seu apartamento, bebendo água mineral gasosa, ele listou os juízes que foram contratados pelas redes de TV de Berlusconi como comentaristas, assim como os árbitros nelas criticados.

É fácil acreditar no pior acerca de Berlusconi, tanto no futebol quanto na vida em geral. Mas, em parte, ele levanta suspeitas por não se ajustar ao arquétipo da elite italiana. Sua biografia o demonstra. Na Itália, ninguém trabalha em empregos de verão entre os semestres escolares, especialmente se não precisa de um salário para não morrer de fome. Embora Berlusconi provenha de uma família de classe média, ele pagou a faculdade e a escola de Direito dando duro nas férias, administrando uma empresa que contratava grupos musicais para atuar em cruzeiros marítimos. À falta de outros artistas, ele contratava a si próprio como cantor, cultivando uma *persona* de Frank Sinatra. Como empresário, sempre teve uma queda pelo modelo norte-americano. Fez sua primeira grande fortuna construindo um bairro para yuppies nos arredores de Milão. O vasto alcance de seu império televisivo deveu-se à dieta de *Dallas* e *Falcon Crest* com que Berlusconi alimentava a audiência.

Embora já fosse um grande magnata da mídia antes de se tornar um também do esporte, foi a compra do clube de futebol em 1986 que lançou Berlusconi à atual proeminência. Quando entrou na política em 1994, concorrendo a primeiro-ministro, foi em torno do futebol que ele construiu sua estratégia eleitoral. Em questão de meses, a Publitalia, empresa de publicidade de que é proprietário (parte de um conjunto impressionante de *holdings*), dedicou-se à tarefa de construir um partido para ele. Como base partidária, começou com os vários milhões de torcedores do Milan. Converteu clubes de torcedores em sedes locais do partido. De um grito da torcida, "*Forza Italia*", a Publitalia extraiu o nome do partido. Nos textos de propaganda partidária, ela apelidou os militantes do partido de "Azuri", mesmo apelido atribuído aos jogadores da seleção nacional, em função da cor de seus uniformes.

Berlusconi invocou o futebol de modo tão obstinado porque seu clube estava numa trajetória espetacular que incluía títulos seguidos da Liga dos Campeões. Desejava implantar na cabeça dos torcedores a idéia de que era um vencedor numa época em que a economia estava afundando e todos os políticos do país pareciam perdedores corruptos. "Vamos fazer a Itália funcionar como o Milan", repetia sem cessar. Havia também um talento populista em seu uso do futebol como metáfora da sociedade. Isso lhe propiciou um vocabulário que encontrava eco na classe média baixa, o grupo que ele desejava cultivar como base política. Expondo os motivos de sua candidatura, declarou aos eleitores: "Ouvi dizer que o futebol estava ficando perigoso, que estava sendo jogado nas duas grandes áreas, com o meio de campo tristemente abandonado."

Vezes sem conta, Franco, Mussolini e uma alta percentagem de todos os ditadores modernos estabeleceram elos entre o esporte e a política populista. Para os críticos de Berlusconi situados à esquerda, a semelhança com esses tiranos não é acidental. Ele é seu herdeiro. Tal como os caudilhos latino-americanos, dizem, Berlusconi é profundamente corrupto. Ao mesmo tempo em que assumiu a responsabilidade de governar a Itália, ele manteve um vasto império empresarial que obtém lucros com a generosidade do Estado e sua relutância em estabelecer mecanismos regulatórios. Previsivelmente, quando seus interesses pessoais entram em conflito com o bem-estar público, ele recua. Apesar de sérias acusações de corrupção pessoal, em 2003 Berlusconi orquestrou a aprovação de uma lei que lhe garante plena imunidade processual. Ele descriminalizou o delito de falsa contabilidade, que sua empresa é acusada de haver cometido.

Suas transações futebolísticas têm a mesma nódoa. Ele pode não fazer ofertas por trás dos panos para árbitros e políticos ao estilo Agnelli, mas o sistema parece sempre pronto a promover seus interesses. No futebol, o substituto de Berlusconi no Milan, Adriano Galliani, tornou-se o presidente da Liga Italiana – com uma agenda que inclui a imposição da disciplina e a negociação dos direitos de transmissão pela TV.

Nos Estados Unidos, as acusações contra Berlusconi poderiam ser intoleráveis para a sociedade politicamente organizada. Mas na Itália o eleitorado não pune Berlusconi por tais conflitos de interesses. Esse tipo de corrupção é difundido demais para que um só homem seja acusado disso. Os críticos que apontam seus conflitos são vistos como hipócritas. As pessoas não querem um mundo em que a mídia se apegue apenas à verdade e à objetividade jornalística. Idealizam o tempo em que socialistas e social-democratas controlavam as duas redes estatais de televisão. Ninguém, de nenhum dos lados do espectro, tem qualquer interesse real em racionalizar os contratos do governo, principal veículo da corrupção.

Levando-se em consideração esse consenso contra a reforma, fica difícil focalizar a fúria simplesmente em Berlusconi. Em comparação com os canais ocultos da antiga oligarquia, ele faz suas manipulações às claras, como no caso da assessoria de imprensa do Milan. Em 2003, quando pressionou o Legislativo a aprovar uma lei garantindo-lhe plena imunidade processual, os italianos puderam acompanhar as tramitações pelos jornais e pela TV. Uns poucos militantes ocuparam as ruas, mas só uma pequena parcela da Itália tomou conhecimento.

IV.

Numa noite chuvosa eu me encontrei com Tommaso Pellizari, um jovem repórter do jornal *Corriere della Sera* e torcedor fanático do rival mortal do Milan na mesma cidade, o Inter. Procurei Tommaso porque ele é um dos mais ferozes críticos do clube de Berlusconi. Em 2001, ele publicou um texto polêmico intitulado

No Milan, inspirado em *No Logo*, o tratado antiglobalização de Naomi Klein. O livro é um ataque inteligente, um tanto sarcástico, mas principalmente raivoso, contra tudo que se relaciona com o Milan. Tommaso elenca os dez jogadores da história do Milan que mais odeia – e os dez de que mais gosta, pois confirmam a inferioridade do clube.

Seu argumento sedutor termina com um floreio inesperado. No último capítulo, Pellizari admite sua gratidão a Berlusconi pelo fato de ser proprietário do time inimigo. Para a maioria dos torcedores do Inter, essa confissão seria um anátema. A conta bancária essencialmente inesgotável de Berlusconi tem financiado um adversário implacável. Mas Pellizari preocupa-se tanto com a saúde espiritual e moral de seu clube quanto com ganhar campeonatos. E graças à ligação de Berlusconi com o Milan, afirma ele, os italianos não podem mais fechar os olhos à perversidade desse clube. Ele se tornou objetivamente odioso. Com efeito, Pellizari percebe um "efeito bumerangue". Os italianos têm feito manifestações contra o Milan porque o vêem como símbolo da corrupção do regime conservador.

De maneira geral, não há muitas evidências de um bumerangue se voltando contra o Milan. Na verdade, tem ocorrido o oposto. Por causa do glamour dos jogadores e troféus de Berlusconi, o time tem ampliado de tal modo sua torcida no plano nacional que poderá em breve eclipsar a ampla base do Juventus. Em determinados círculos intelectuais, contudo, o Milan se tornou tão desprezado quanto Tommaso esperava. Para ilustrar isso, ele me levou a um teatro e clube cultural boêmio chamado Comuna Baires. Desde que Berlusconi voltou ao poder em 2001, a Comuna Baires formou uma aliança com o Inter de Milão. Ela abriga eventos literários envolvendo o time. Em suas palestras, jogadores estrangeiros do Inter (originários da Colômbia, Turquia e assim por diante) dividem o palco com escritores de seus países. Depois dos eventos, jogadores, treinadores e diretores do clube se juntam a intelectuais pró-Inter numa mesa comprida no porão do teatro para jantar. É o tipo de noitada que só pode acontecer com intelectuais da esquerda italiana, que se nutriram em Antonio Gramsci e suas teorias de contra-hegemonia.

Na noite em que Tommaso me levou à Comuna Baires, o clube realizou uma palestra em homenagem a Javier Zanetti, o argentino capitão do time. Todos pareciam conhecer Tommaso. Uma equipe da rede de TV a cabo do Inter o deteve para uma rápida entrevista. Belas mulheres vestidas de preto o paravam para beijá-lo duas vezes no rosto. Deixamos os casacos numa chapelaria, longe da multidão. Tommaso sussurrou:

— Devo adverti-lo: essas pessoas são realmente comunistas. Não estou exagerando. São realmente comunistas.

Caminhamos para fora da sala e ele me cutucou, inclinando a cabeça na direção de um retrato de Che Guevara que nos observava de uma trave de madeira.

Como qualquer teatro boêmio, o Baires tem a aparência de um prédio em ruínas. O palco principal fica numa sala totalmente negra com platibandas e raquíticos bancos de madeira. A palestra fora organizada com a platéia disposta em círculo; um grupo de homens e mulheres com óculos minúsculos cercava Zanetti. Ele estava sentado a uma mesa em frente ao microfone, coberta por um pano nas cores do uniforme do clube. Esperando o início do programa, ele se mexia na cadeira.

O diretor do teatro foi o mestre de cerimônias do evento. Homem de meia-idade vestido com uma camisa de linho para fora das calças, ele aqueceu a platéia com um apaixonado elogio do Inter. Louvou o clube por sua visão de mundo "anti-Bush, anti-Berlusconi, anti-norte-americana". Para justificar sua afirmação, citou a longa lista de situações em que o time deixou de ganhar o campeonato por muito pouco. Em contraste com a ética do capitalismo norte-americano, os torcedores do Inter sabem que há "coisas mais importantes na vida do que vencer".

Um desfile de jornalistas, romancistas e poetas o seguiu ao microfone, cada qual pagando seu tributo ao Inter e a Zanetti, muitos deles assumindo a mesma linha anticapitalista do mestre de cerimônias. Nos intervalos entre os oradores, o diretor entregava a Zanetti pinturas a óleo feitas em sua homenagem.

Havia algumas contradições nesse esforço de atribuir ao Inter uma identidade de esquerda. Em primeiro lugar, não faz sentido ligar o clube ao movimento antiglobalização. Seu dono é um magnata do petróleo. Embora tenha simpatias pela centro-esquerda, e tenha até flertado com uma carreira política, ele dirige o clube numa linha claramente capitalista. Depois, quando eles tentam associar seu clube ao cosmopolitismo, fracassam terrivelmente. Não podem jamais ignorar o fato de que o Inter representa a pequena burguesia do norte da Itália, um grupo que, mais que nenhum outro, tem ressentimentos contra os imigrantes. Nos jogos do Inter, sua torcida apresenta mais cantos e faixas racistas nas arquibancadas que a do clube de Berlusconi.

Esse decerto não é o primeiro exemplo de irracionalidade e incoerência da esquerda italiana. Mais que qualquer outro povo da Europa Ocidental, os italianos se comprazem com uma política romântica. Embora os julgamentos espetaculares dos anos 1930, o pacto de não-agressão entre Hitler e Stálin, o esmagamento do levante na Hungria e a queda do Muro de Berlim tenham afastado do comunismo a maior parte da humanidade, o entusiasmo dos italianos pela doutrina de Karl Marx jamais se reduziu. Eles mantiveram a fé no Partido Comunista até a década de 1990, embora o partido continuasse proferindo palavras ríspidas sobre revolução e ditadura do proletariado. Não se tratava de um pequeno segmento do eleitorado. Os comunistas estavam acostumados a receber 30% dos votos.

E há outra praga amaldiçoando a esquerda italiana – uma tendência ao esnobismo. Berlusconi e o Milan foram transformados num vilão maior que Agnelli e o Juventus porque o primeiro não podia ser mais *déclassé*. Como me disse um colunista:

— Ele importa filmes e programas de TV norte-americanos de baixo nível, conta piadas sujas e comete gafes ridículas.

Uma importante investigação sobre a gênese de seu império foi batizada de "O cheiro do dinheiro". Mas às vezes parece que sua verdadeira maldição é ter o cheiro do dinheiro novo.

A reação apoplética da esquerda a Berlusconi solapa sua capacidade de combatê-lo. Em vez de satisfazer o desejo dos italianos por espetáculo, seus oponentes são políticos sem graça, geralmente com *pedigrees* acadêmicos e maneiras suaves. (Romano

Prodi, arquiinimigo de Berlusconi, faz questão de alardear sua devoção ao ciclismo, esporte que não tem nem de perto a massa de torcedores do futebol.) Eles ficam acusando Berlusconi por crimes que já foram expostos e, para o bem ou para o mal, perdoados pelo eleitorado. Tal como os intelectuais do Inter, parecem ridiculamente desconectados da realidade de seus potenciais seguidores.

No jantar, Tommaso e eu sentamo-nos em frente a Zanetti. Ele não podia estar mais agradecido ou feliz por se encontrar à mesa.

— De onde você é? – perguntou-me em espanhol.

Enquanto batíamos um papo agradável e superficial, a mesa irrompeu num debate loquaz sobre os méritos das antigas equipes do Inter. Os intelectuais mostravam uma especial propensão a celebrar as qualidades místicas e as sensibilidades estéticas dos jogadores, da mesma forma que antes haviam louvado Zanetti. À margem dessa conversa, Zanetti ouvia com atenção, olhando por sobre o ombro de outros participantes. De início, tentou hesitantemente introduzir-se na conversa, fornecendo observações ilustrativas em primeira mão sobre o que é jogar pelo Inter. Mas essas intervenções não eram ouvidas, tanto quanto pude perceber, no meio do barulho. Discutindo os heróis do passado, os participantes da mesa ignoravam o herói do Inter do presente que eles mesmos tinham acabado de celebrar em termos tão arrebatados. Após alguns minutos, Zanetti desistiu da conversa e concentrou-se em acabar de comer rapidamente a pizza que estava no seu prato. O herói desculpou-se educadamente, recolheu suas pinturas e saiu.

8

COMO O FUTEBOL EXPLICA

o discreto charme do nacionalismo burguês

I.

O lema do FC Barcelona é "*Mas que un club*". A fim de me revelar completamente, eu concordo. É mais que um clube; é uma das grandes dádivas divinas para os momentos de lazer. Escrevi a última frase usando um boné do Barça e uma desgastada réplica de seu uniforme que comprei dez anos atrás. Mais tarde, vou fingir que escrevo este capítulo enquanto na verdade atualizo meu browser em busca das informações mais recentes sobre o jogo do Barça com o Newcastle United pela Liga dos Campeões. E hoje à noite vou sonhar com um longo lançamento em curva de Xavi que chegará aos pés de Javier Saviola depois de o homenzinho ter atravessado de forma inacreditável uma ampla porção do gramado. Mesmo tendo sido suspensas as regras da realidade, é um exagero imaginar-me no campo com Saviola. Mas ainda assim vou me incluir nessa cena, nas arquibancadas inferiores do Camp Nou, o estádio do Barça. Com o resto do estádio, eu estarei entoando o nome de Saviola como um canto gregoriano, exagerando cada sílaba em busca do efeito mais assustador. A pessoa sentada ao meu lado estará sacudindo uma bandeira catalã de três metros sobre minha cabeça.

O Barcelona tornou-se o meu time em 1994, durante uma viagem de inverno pela cidade. Minha visita coincidiu com a abertura anual gratuita do Museu do Barça. É o museu mais visitado da cidade, superando até mesmo uma grande coleção de pinturas de Picasso. Com ingresso gratuito, filas se arrastavam pelo estacionamento do estádio, cheias de garotos de oito anos com suas mães, senhores de cabelos grisalhos visitando velhos amigos na sala de troféus e moças adolescentes aparentemente pesquisando a história do time. O transcendente entusiasmo por um punhado de artefatos e fotografias em sépia me comoveu. Senti-me como um não-crente observando uma peregrinação religiosa. E a mera profundidade dessa fé acabou me transformando também num crente.

Se você é politicamente liberal e tem as inclinações de um yuppie, não é fácil encontrar um cantinho no firmamento do futebol em que se sinta em casa. O futebol europeu tem um número demasiadamente grande de clubes cujo estranho passado fascista resultou num presente xenofóbico. E esse é apenas o primeiro obstáculo para se encontrar um time. Você nunca aceitaria clubes com uma nuvem de racismo virulento pairando sobre si. (Exclua então da lista de potenciais favoritos o Paris Saint-Germain, o Chelsea, o Glasgow Rangers, o Estrela Vermelha de Belgrado e quase metade dos times italianos.) E, por respeito aos oprimidos, você não poderia colocar-se ao lado de conglomerados multinacionais, como o Manchester United e o Juventus, que compram campeonatos todos os anos.

O Barça preenche elegantemente esse vácuo. No curso de sua história, ele tem proclamado conscientemente sua sofisticação. O museu do Barça abriga pinturas de Dalí e Miró. Fora de seus portões, exibe esculturas modernas que vão do minimalismo à Donald Judd ao neofuturismo. Um discípulo de Le Corbusier desenhou o telhado de suas antigas instalações.

Ouvi, mas nunca confirmei, uma teoria segundo a qual a bandeira do clube é inspirada explicitamente nas cores – vermelho e azul – do estandarte tricolor da Revolução Francesa. Se não é verdadeira em relação aos fatos, a história o é do ponto de vista espiritual. Com efeito, a estética modernista do time deriva de sua inclinação política esquerdista. No auge da onda anarquista da década de 1930, o Barça tornou-se um coletivo de trabalhadores, um legado que continua. Quem adquire bilhetes para uma temporada ainda tem direito de votar nas eleições para a direção do clube, com os debates entre os presidenciáveis transmitidos pela televisão e os candidatos fazendo promessas de campanha irrealisticamente grandiosas, como a de comprar um time de superastros. E o que é mais importante, segundo o folclore institucional: o clube foi um heróico centro de resistência à ditadura militar franquista. Somente o Camp Nou fornecia um lugar onde os catalães podiam gritar e bradar contra o regime em sua própria e banida língua. Manuel Vazques Montalbán, um dos grandes escritores espanhóis contemporâneos, publicou um romance sobre o Barça intitulado *Offside*. Descreveu o clube como "a arma épica de um país sem estado ... As vitórias do Barça eram como as de Atenas sobre Esparta."

Mesmo agora, em tempos mais plácidos, um fervor cativante cerca a política do clube. Autoridades governamentais discorrem sobre assuntos do Barça como se fossem questões de Estado. Em vários momentos, Jordi Pujol, que preside o clube há muitos anos, recomenda mudanças de escalação, formação estratégica e táticas de recrutamento. Os principais partidos políticos da Catalunha formam alianças secretas com os candidatos à presidência do Barça, na esperança de que o presidente do clube venha a convidar as lideranças partidárias a se sentarem na tribuna de honra do Camp Nou, no centro do estádio.

Graças ao seu senso de missão, o time tem gestos fantásticos a fim de provar sua pureza e mostrar que habita um plano superior ao mundo desprezível do comércio. De todos os clubes do mundo, o Barcelona é o único que não coloca anúncios no uniforme. Até 2003, ele se recusava a sequer examinar ofertas de compra desse espaço sagrado. Quando os jogadores mais bem pagos do mundo – Maradona, Ronaldo, Rivaldo – demonstram insuficiente entusiasmo pela causa, o Barça e seus torcedores lhes dão as costas. São mandados para outra cidade, apesar dos muitos gols marcados para o time. Se um técnico adota uma tática utilitária que restrinja o talento artístico, ele é afastado, não importam os troféus que possa ter acumulado. Os torcedores do Barça não desejam nada com tanto ardor quanto a vitória, com exceção do romance. E, como mostra a longa história de frustrações do clube, este último lhes tem sido muito mais generoso.

Infelizmente, grandes parcelas do globo não apreciam de todo os muitos esplendores do Barcelona. Mais que o Real Madrid e o Manchester United, times mais ricos que conquistam mais campeonatos, o Barça provoca incômodo e raiva. Eu vi tradutores sérvios e amigos croatas superarem suas desavenças mais profundas para expressarem o ódio mútuo pelo Barça. Testemunhei intelectuais israelenses e taxistas árabes unindo-se inadvertidamente para zombar da miséria alheia diante de uma derrota do Barça. Creio que posso entender esse sentimento. "*Mas que un club*" implica superioridade. A recusa em transformar seu uniforme num *outdoor* critica as decisões empresariais tomadas por todos os outros clubes com o objetivo de se manter à superfície. A arte moderna e os romances parecem afetações exageradas. O futebol é para ser apreciado com cerveja e hambúrgueres, talvez, mas não com *capuccino* e cigarros.

Mas se os inimigos do Barça considerassem de maneira objetiva o clube que desprezam, encontrariam uma importante razão para aplaudi-lo de pé. Os críticos do futebol afirmam que esse esporte culmina sempre em morte e destruição. Argumentam que ele dá vida a identidades tribais que deveriam estar desaparecendo num mundo em que a União Européia e a globalização, felizmente, reduzem a força desses antigos sentimentos. Outra tese semelhante a essa e bastante difundida sustenta que a raiz da violência pode ser encontrada no próprio ritmo do jogo. Como os gols surgem numa seqüência tão irregular, os torcedores gastam tempo demais sublimando suas emoções, antegozando-as, mas não necessariamente liberando-as. Quando essas emoções se expandem e se tornam incontroláveis, os torcedores irrompem em sombrios acessos dionisíacos de violência extática.

O Barça redime o esporte dessas críticas, mostrando que os torcedores podem amar um clube e um país com paixão sem se tornarem delinqüentes ou terroristas. Evidentemente, a torcida do Barça pode chegar aos píncaros da irracionalidade – pressupondo conspirações fantásticas, imaginando estar sendo vitimizada e se prevenindo contra supostos inimigos existenciais. Mas quase nunca ultrapassa os limites dos domínios mais sombrios do comportamento humano. Não há torcedores adversários que os do Barça considerem subumanos, e dificilmente ocorre algum tipo de violência que se possa associar ao clube. Seu estádio se enche mais de mulheres e crianças que qualquer outro na Europa. Também atrai imigrantes do sul da Espanha, que se associam ao clube para facilitar sua assimilação à vida catalã.

Para usar uma linguagem mais enfática, o Barça não apenas redime o futebol perante seus críticos, mas redime o conceito de nacionalismo. No final do século XX, pensadores políticos liberais, da filósofa Martha Nussbaum aos arquitetos da União Européia, responsabilizaram o nacionalismo pela maioria dos males da modernidade. É o tribalismo sob um disfarce mais moderno, denunciavam. Se conseguíssemos abandonar essa velha fixação em identidades nacionais, poderíamos finalmente ultrapassar os etnocentrismos, o chauvinismo vulgar e as rixas de sangue. Em lugar do nacionalismo, propunham que nos tornássemos cosmopolitas – aposentando o patriotismo e nos submetendo ao governo das leis e instituições internacionais.

É um belo quadro, mas nem um pouco realista. E dá as costas a uma corrente liberal que se inicia com John Stuart Mills e Alexis de Tocqueville para chegar a Isaiah Berlin. Essa tradição entende que os seres humanos anseiam por se identificar com um grupo. É um instinto inevitável, imemorial, profundamente entranhado. Já que a vida moderna deslocou a família e a tribo de suas posições centrais, a nação tornou-se o único veiculo para esse impulso. Negar esse anseio é negar a natureza e a dignidade humanas.

Além disso, essa corrente da teoria política estabelece uma distinção entre o nacionalismo liberal e o nacionalismo intolerante. Os sérvios do Estrela Vermelha, para tomarmos o exemplo mais óbvio, praticam a variedade intolerante, sem respeito pela determinação de outras nacionalidades. Mas não há motivo para que o nacionalismo culmine necessariamente nesses sentimentos funestos. Culpar o amor excessivo ao país pelas guerras na Croácia e na Bósnia é subestimar as patologias da cultura sérvia. Ademais, em teoria, patriotismo e cosmopolitismo devem ser perfeitamente compatíveis. Você pode amar seu país – e até mesmo considerar seus habitantes superiores como grupo – sem desejar dominar outros grupos nem se fechar a estímulos vindos de fora. E isso não é só teoria. É o espírito do Barça. Gosto dele.

II.

O FC Barcelona poderia facilmente ter caminhado em outra direção. Poderia ter se tornado um caldeirão de radicalismo, violência e ressentimentos. Mas as raízes do nacionalismo cosmopolita do Barça são profundas. São parte da cultura nacional e também do espírito que presidiu a fundação do clube. Em 1899, um empresário protestante suíço chamado Joan Gamper uniu-se a expatriados ingleses para fundar o FC Barcelona. É surpreendente que um estrangeiro tenha criado o que seria uma instituição definidora do nacionalismo catalão.

Há uma explicação simples para a abertura da Catalunha a influências externas: ela se situa no meio do mundo mediterrâneo. Antes do século XV, como parte do reino de Aragão, os catalães haviam aberto caminho para o Leste até Atenas, a Sicília e a Sardenha. Mesmo então, no auge de sua grandeza, os homens mais poderosos da nação eram comerciantes e capitalistas. Barcelona tornou-se uma grande cidade comercial, profundamente entranhada na economia planetária, crescendo até se transformar num gigante industrial. No final do século XIX, só os Estados Unidos, a Inglaterra e a França superavam a produção das fábricas de tecido catalãs.

À medida, porém, que avançava economicamente, a Catalunha era submetida à dominação política. O poder político da Espanha, concentrado em Madri, consistia em vários proprietários de terras castelhanos. Os interesses do governo central colidiam com os dos capitalistas de Barcelona. O crescente contingente de nacionalistas burgueses da cidade ressentia-se do fato de os castelhanos usarem o governo para impor a cultura e a língua "espanholas". Também não ajudava o fato de Madri direcionar a política governamental para a proteção da agricultura em detrimento da indústria. Os catalães descarregavam a raiva que sentiam desse arranjo injusto estereotipando cruelmente os castelhanos e sua capital. Enquanto a Catalunha representava a modernidade e o progresso, Madri era habitada por roceiros sem cultura. Não era uma imagem de todo distorcida. A burguesia de Barcelona provou ao mundo a sua grandeza patrocinando obras monumentais de arte e arquitetura – Gaudí, Doménech i Muntaner, Miró. E, por causa de sua imersão no mundo do comércio global, ela abriu auspiciosamente as portas a influências externas.

Joan Gamper e o futebol foram apenas outra importação a se tornar parte do tecido social catalão. A imagem de Gamper naquela terra não foi atrapalhada em nada pelo fato de ele admirar fervorosamente a causa catalã e ter traduzido seu próprio nome, Hans Kamper, para o idioma local. Segundo alguns relatos, Gamper desejava que o clube celebrasse aos catalães e seus sonhos de autonomia. Sob sua liderança, o Barça adotou um escudo contendo as cores nacionais e a cruz de São Jordi, o padroeiro da Catalunha.

As afirmações de superioridade nacional dos catalães não eram bem recebidas em Madri. O antigo regime castelhano tratou de colocar os presunçosos em seu lugar. Com o apoio do rei, em 1923 o general Miguel Primo de Rivera tomou o poder e instituiu uma ditadura que prefigurava o franquismo vindouro. Primo de Rivera proibiu a bandeira catalã e excluiu a língua local da esfera pública. Em função de seu papel simbólico, o Barça sofreu inevitavelmente a mesma repressão. Depois que sua torcida vaiou o hino nacional antes de uma partida de apresentação em 1925, o ditador mandou fechar seu estádio por seis meses e multou seus diretores. O governo deixou claro para Gamper que ele deveria deixar a Espanha ou sua família sofreria conseqüências desastrosas. Gamper partiu. Alguns anos depois, numa crise de depressão, potencializada por suas perdas no *crack* da bolsa de 1929, ele se suicidou.

Primo de Rivera tinha a mesma agenda de Franco mas sem um aparelho de Estado totalitário para sustentá-lo. Muito previsivelmente, a repressão por ele promovida provocou reações. Ele renunciou em 1930, sendo substituído por uma república democrática imbuída do fervor utópico do entreguerras. Havia, contudo, uma importante diferença entre as atitudes de Franco e as de seu antecessor. Primo de Rivera reagira ao Barça de modo furioso porque era um caudilho clássico, o ditador medíocre que esmagava qualquer dissidente capaz de ameaçar seu frágil poder. Já para Franco a luta contra o Barça assumiu a forma de um combate pessoal de natureza épica. No nível político mais óbvio, ele tinha boas razões para punir os devotados torcedores do clube. A Catalunha havia sustentado por mais tempo a oposição ao golpe. Os habitantes de Barcelona, após anos de contenda industrial pré-guerra civil, tinham se tornado os Henry Fords da construção de barricadas. Embora partes da cidade recebessem Franco de braços abertos, muitos de seus moradores desenvolveram a guerra urbana com um apetite que nem Che Guevara conseguiria igualar. Franco cobrou um preço por essa resistência. Quando a cidade caiu, ele mandou matar um sem-número de seus oponentes e os enterrou numa cova coletiva no morro Montjuic, onde futuramente se construiria o estádio olímpico.

Mas havia outra razão, igualmente importante, para o ódio que Franco devotava ao Barça. O Generalíssimo acompanhava obsessivamente o esporte e, de modo mais específico, o rival do Barça, o Real Madrid. Era capaz de citar de cabeça as escalações do Real de décadas anteriores e mandava anunciar que descansava em seu palácio acompanhando o jogo da semana pela televisão. (Não por coincidência, a TV estatal reservava ao Real Madrid, em suas transmissões semanais, um espaço muito maior que o de qualquer outro time.) Quando assistia aos jogos, ele até arriscava um palpite sobre os resultados. Franco gostava de jogar numa loteria estatal que lhe permitia fazer apostas no futebol.

Franco levou sua vingança pessoal contra o Barça às últimas conseqüências. Manuel Vasquez Montalbán escreveu: "As tropas de ocupação de Franco entraram na cidade. A quarta organização a ser expurgada, depois de comunistas, anarquistas e separatistas, era o Barcelona Football Club." No início dos três anos da revolta de Franco, a milícia fascista prendeu e executou o presidente do Barça, Josep Sunyol, de orientação esquerdista, quando ele passava de carro pelas colinas de Guadarrama em visita aos soldados catalães que defendiam Madri, cercada por tropas de direita. Quando os soldados de Franco realizaram um ataque final para conquistar a insubordinada Catalunha, bombardearam o prédio que abrigava os troféus do clube. Depois de demolirem as instalações do Barça, os franquistas tentaram destituir o clube de sua identidade. O regime insistiu em mudar o nome de "Football Club Barcelona" para "Club de Football Barcelona" – não apenas uma particularidade estética, mas a tradução desse nome para o castelhano. Também insistiu em excluir a bandeira catalã do escudo do time. E isso foi somente o começo. Para supervisionar a transformação ideológica do clube, o regime impôs um novo presidente. Ele devia ser bem adequado para o cargo. Durante a guerra, fora capitão da "Divisão Antimarxista" da guarda civil. No Barça, ele mantinha cuidadosamente copiosas fichas policiais de todas as pessoas envolvidas com o clube, de modo a poder importunar e solapar quaisquer diretores que demonstrassem simpatias nacionalistas latentes.

Nos primeiros anos da era Franco, um evento se destaca nos livros de história. Em 1943, o Barça enfrentou o Real Madrid pelas semifinais da Copa Generalíssimo Franco. Momentos antes do jogo, o diretor de segurança do Estado entrou no vestiário do Barcelona – uma cena cultuada em *Barça*, a magistral história do clube escrita pelo jornalista Jimmy Burn. Ele lembrou aos jogadores que muitos deles tinham acabado de retornar à Espanha, de seu exílio em tempo de guerra, graças a uma anistia que perdoava sua fuga. "Não se esqueçam de que alguns de vocês só estão jogando pela generosidade de um regime que lhes perdoou a falta de patriotismo." Naquela época de repressão, não foi difícil entender o conselho. O Barça perdeu por 11 x 1, uma das maiores derrotas da história do clube.

Esse foi o primeiro de muitos favores prestados pelo regime ao Real Madrid, que pareceu retribuir a afeição construindo seu novo estádio na Avenida Generalíssmo Franco. Segundo alguns, o governo deu ao Real uma ajuda decisiva na contratação do melhor jogador dos anos 1950, o argentino Alfredo di Stefano, embora o Barça já tivesse feito um acordo com ele. Quando o Real se sagrava campeão, Franco lhe concedia medalhas e honrarias não oferecidas a outros times vencedores. Paul Preston, biógrafo do caudilho, escreveu: "Franco via as vitórias do Real Madrid e da seleção nacional espanhola como, de alguma forma, suas." Tudo isso é fato. Mas há um aspecto que não se encaixa exatamente na conspiração anti-Barça sustentada pelos catalães. Um detalhe importante desmente isso. Nos primeiros anos da era Franco, o Barça teve uma de suas melhores temporadas da história.

É um paradoxo – repressão e triunfo – que leva a uma das questões mais espinhosas na história política do esporte. Umberto Eco colocou-a desta maneira: "É possível ocorrer uma revolução num domingo de futebol?" Para o Barça, esse assunto é especialmente desconfortável. Seus torcedores gostam de se gabar de que seu estádio constituía um espaço em que podiam dar vazão ao ódio que sentiam pelo regime. Estimulados por cem mil pessoas cantando em uníssono, com a segurança de sua presença numérica, os torcedores aproveitavam a oportunidade para gritarem coisas que não podiam ser ditas, mesmo que furtivamente, na rua ou num café. Esse é um fenômeno bastante comum. Há uma longa história de movimentos de resistência inflamando-se num estádio de futebol. Na Revolução do Estrela Vermelha, Draza, Krle e outros *hooligans* de Belgrado ajudaram a derrubar Slobodan Milosevic. As comemorações pela classificação da Romênia à Copa do Mundo de 1990 se espalharam pelas praças de Bucareste, culminando num grupo de atiradores apontando seus rifles para o ditador Nicolae Ceausescu e sua mulher. O movimento que derrubou o ditador paraguaio Alfredo Stroessner também teve seu ponto de partida no esporte.

Mas quando os torcedores do Barça enfatizam o espírito subversivo do Camp Nou não conseguem explicar por que Franco simplesmente não o esmagou. É claro que ele poderia ter feito isso com facilidade. Governava um eficiente Estado policial em que tanto os trens quanto os grandes inquisidores funcionavam a tempo e a hora. Para esmagar o Barça, como Primo de Rivera tinha feito nos anos 1920, bastariam alguns soldados. Mas ele pôs de lado essa opção e preferiu deixar os adversários gritarem suas obscenidades. Franco nunca justificou explicitamente sua política de tolerância. Mas seu objetivo era bastante claro: deixar que o povo catalão canalizasse suas energias políticas num passatempo inofensivo.

Se o Barça possibilitava à Catalunha desabafar, esse arranjo acabou se revelando conveniente para todos os envolvidos. Franco nunca enfrentou uma oposição séria por parte dos catalães. Diferentemente dos bascos, a outra minoria lingüística perseguida pelo regime franquista, os catalães nunca se juntaram às frentes de libertação, nem seqüestraram presidentes de bancos de Madri, nem detonaram bombas em estações de ônibus. E os torcedores do Barça, apesar de todo o barulho no Camp Nou, jamais se opuseram seriamente aos apologistas de Franco que dirigiam o clube. Embora os catalães se mantivessem de cabeça baixa, eles tocaram em frente os negócios. A economia nacionalista de Franco, que incluía subsídios e tarifas, produziu um grande *boom* industrial na área metropolitana de Barcelona. Imigrantes do sul da Espanha, aos milhares nos anos 1950 e 1960, foram trabalhar nas fábricas da região. O novo esforço industrial e o bem-estar concomitante ajudaram a afastar das mentes a opressão e as memórias dos massacres.

Os catalães têm uma autodescrição que explica esse instinto de "tocar o barco": gostam de dizer que possuem uma qualidade nacional chamada *seny*, palavra que se traduz como algo entre o pragmatismo e a sagacidade. É uma herança de séculos como mercadores do Mediterrâneo, a aversão do negociante à confusão. (Um exemplo clássico de *seny*: os catalães insistem em que sua língua seja ensinada nas universidades e usada nos sinais de trânsito. Ela pode ser vista por toda parte, menos nos classificados de imóveis de muitos jornais em catalão. O nacionalismo não deve jamais atrapalhar os negócios.) Nessa autodescrição, os catalães também admitem possuir um *yin* para contrabalançar o *yang* do *seny*: eles têm outra característica nacional chamada *rauxa*, uma tendência a surtos de violência. Foi essa característica que impeliu a Catalunha a lutar de forma tão determinada durante a Guerra Civil espanhola e a tornou tão turbulenta nos anos anteriores.

Fosse esse ou não o desejo de Franco, o Barça ajudou a manter o *seny* e o *rauxa* dos catalães num estado de equilíbrio confortável. Um jornalista esportivo me contou uma parábola que ilustra esse fato. Dois criminosos trancafiados numa prisão de Franco realizam uma fuga perfeitamente planejada. Coordenam a ação de modo a poderem assistir ao jogo do Barça com o Real Madrid no Camp Nou. Por força da boa sorte, os fugitivos presenciam a vitória do seu Barça. Agora têm a liberdade e o triunfo. Dali em diante, bastava seguir o roteiro estabelecido em dezenas de filmes policiais e pegar a estrada. Mas eles desempenhavam seus papéis como homens da Catalunha, não como atores de Hollywood: curados de seu *rauxa* pelo Barça, eles retornam ao presídio onde tinham sofrido por tanto tempo. Procuram um guarda e se entregam.

III.

Há uma linha tênue entre a paixão e a loucura. O ex-atacante do Barcelona Hristo Stoichkov freqüentemente a atravessa. Quando adolescente na Bulgária, uma vez provocou um grande conflito no intervalo de um jogo. Sua performance foi tão violenta, animalesca e incontrolável que a federação de futebol da Bulgária o baniu em caráter vitalício. Mas ele era bom demais, e venerado demais, para ter esse destino. Quando o público búlgaro se queixou por ter sido privado de seu herói, a federação reduziu a pena para um ano de suspensão. Seus surtos de violência de fato não arrefeceram com a maturidade. Em quatro anos de Barça, foi expulso de campo 11 vezes. Não apenas enfrentava os árbitros cara a cara, mas pisava nos pés deles. Poucos meses antes de eu visitá-lo em Washington, onde atuara na temporada anterior, ele tinha jogado uma pelada com garotos de faculdade, um jogo inocente e "amistoso". Mas Stoichkov não tinha muita capacidade de moderar seu estilo, e a noção de amistoso carecia para ele de ressonância cognitiva. Na partida, ele atingiu um calouro por trás com uma tesoura voadora, e com tanta violência que quebrou os ossos do rapaz. O som da fratura atravessou o campo. Nas laterais do gramado, espectadores e jogadores tiveram ânsias de vômito.

Reduzir Stoichkov ao seu temperamento, contudo, é não fazer jus ao seu talento. Seu poder de atração é incrível. Uma pesquisa de opinião revelou uma vez que ele era o jogador mais popular do Barça em todos os tempos. Em parte, sua popularidade era apenas uma recompensa por seu desempenho. Entre 1990 e 1994, ele marcou 104 gols pelo clube. Sua excêntrica *persona* esportiva, oscilando entre a delicadeza e a brutalidade, contribuiu amplamente para o *annus mirabilis* do Barça, incluindo seu único título na Liga dos Campeões. Em 1994, ele ganhou o troféu de Jogador Europeu do Ano. Os catalães também veneravam Stoichkov porque sua paixão era uma réplica da deles – assim como as expectativas irracionais, as exigências injustas e o hipercriticismo que a acompanham. "Meus colegas são preguiçosos, tolos e famintos por dinheiro", queixou-se ele uma vez. Tal como os catalães, Stoichkov acreditava que o Barça devia jogar pela causa, e não por um contracheque.

Poucos jogadores nativos da Catalunha têm defendido com maior entusiasmo a ideologia política do clube ou do país. Ela vai além do necessário ódio ao Real Madrid, embora Stoichkov tenha manifestado seu desdém com singular intensidade. ("Sempre odiarei o Real Madrid", disse ele uma vez. "Preferiria que o gramado se abrisse e me engolissse do que aceitar trabalhar para eles. Na verdade, não gosto de falar sobre eles porque quando o faço tenho vontade de vomitar.") Ele tem uma devoção fanática ao nacionalismo catalão. Quando a Bulgária jogou com a Espanha na Copa do Mundo de 1998, Stoichkov pendurou uma bandeira catalã na varanda de seu quarto de hotel. Prometeu que usaria uma camiseta por baixo do uniforme com palavras em defesa da secessão. Esses gestos, muito louvados e apreciados em Barcelona, eram apenas a culminância de uma história pessoal marcada pela defesa irada da autonomia catalã. Stoichkov foi um dos líderes de uma campanha para que a Catalunha deixasse de apoiar a seleção espanhola e apresentasse uma equipe própria na Copa do Mundo. Jornais de Barcelona relataram que ele apoiava o Partido pela Independência Catalã, colocando-se estranhamente à esquerda da corrente principal do nacionalismo catalão.

Stoichkov é uma prova do caráter includente do nacionalismo catalão – sua principal virtude. Ele recebe bem os estrangeiros, chegando até a venerá-los. A história do Barça está cheia de jogadores de fora – escoceses, húngaros, holandeses – que fixaram residência na cidade e se tornaram defensores da política do clube. (O grande holandês Johan Cruyff deu a seu filho nascido em Barcelona o nome de Jordi, provavelmente a primeira criança da era franquista a receber esse nome catalão.) Os estrangeiros podem se tornar catalães porque a ideologia catalã sustenta que a cidadania é adquirida, e não herdada. Para tornar-se catalão, deve-se apenas aprender a língua catalã, desprezar a Espanha castelhana e amar o Barça. O nacionalismo catalão não é uma doutrina racial ou teocrática, mas uma religião profundamente cívica. O nacionalismo catalão é tão cego que o aceita mesmo que você tenha uma personalidade incontrolável.

Não é fácil marcar uma entrevista com Stoichkov. Depois de semanas postergando, ele concordou em me encontrar após um treino no vestiário de seu clube, o DC United. Stoichkov estava sentado numa cadeira, de banho tomado, usando um robe de tecido felpudo com capuz. Para divertir os companheiros de equipe, ele jogou o capuz sobre a cabeça, pulou da cadeira e imitou os movimentos de um boxeador preparando-se para lutar. Havia um toque violento nessa cena. Ele dava socos fortes no ar e saltava sobre os colegas nus como se fosse golpeá-los. Quando voltou à cadeira, eu me sentei a seu lado e comecei a me apresentar.

— Em espanhol – disse ele. — É bem melhor em espanhol.

— *Bueno. Yo soy...*

Percebi que Stoichkov me deixava nervoso demais para fazer perguntas em espanhol. Ele cuspia suas frases; tinha aperfeiçoado o jeito de durão e mesmo naqueles trajes parecia ameaçador. Uma barba curta lhe cobria as bochechas macilentas. Ao fazer os movimentos mais inócuos, parecia estar se preparando para dar um soco em alguém.

Pedi ajuda ao assessor de imprensa do clube. Ele recrutou o gerente de equipamentos para fazer o papel de tradutor. Estava claro que a entrevista seria um desastre. Mas eu tinha passado tempo demais negociando a logística do encontro para perder a oportunidade. Quando comecei a explicar meu projeto, Stoichkov me interrompeu.

— Quantos exemplares você vai vender? Vou receber algum dinheiro por compartilhar minhas idéias?

Fez-se um longo silêncio, durante o qual ele me fitou intensamente. Eu não tinha idéia de como avaliar a seriedade do problema.

— Não – repliquei.

— Por que não?

— Sou um pobre jornalista.

Ele parecia muito satisfeito com essa linha de questionamento. Suas reações antecipavam a tradução.

— Você vai ganhar dinheiro?

— Talvez um pouco.

— Mas existem crianças pobres no mundo.

— Você é uma delas? – perguntei.

— Estou lhe dando uma oportunidade de ganhar algum dinheiro e não vou receber nada? Não quero o dinheiro. Não vou ficar com ele. Vou dá-lo às crianças pobres. Escrevi um livro em espanhol e ele vendeu 600 mil exemplares. Vou receber alguma coisa ou não?

Eu estava agora numa posição constrangedora, com a maioria dos jogadores entreouvindo nossa conversa.

— Não é assim que eu trabalho como jornalista – disse eu.

— Você pagaria a Michael Jordan? Hristo Stoichkov vai ajudá-lo a vender muitos exemplares. – Disse que se eu fizesse um cheque ele o entregaria pessoalmente ao Unicef. — Não é para mim.

Tentei explicar-lhe como funciona o jornalismo norte-americano.

— Essa não é nossa maneira de negociar. Não faz parte do nosso sistema ético.

Enquanto eu falava, ele se levantou e se dirigiu ao seu armário.

— Mas faz parte do meu.

— Então não vamos poder conversar?

— Não.

Ele tirou o robe. Não apertamos as mãos. Quando saí do vestiário, descrevi com raiva o pedido de propina de Stoichkov ao assessor de imprensa, que apenas deu de ombros. Como Stoichkov é um herói do Barça, eu mesmo não consegui ficar com raiva por muito tempo. Além disso, em nosso curto intercâmbio, embora não dissesse nada, ele conseguira resumir o *ethos* catalão – astúcia no comércio, juntamente com um laivo de petulância. E se a Catalunha era capaz de encontrar espaço no coração para perdoar sua loucura, eu também podia.

IV.

Alguns daqueles que acompanham o clube mais de perto, especialmente em Madri, poderiam discordar dessa caracterização do Barcelona como um bastião do patriotismo saudável, não-violento. Apontariam alguns jogos recentes contra o Real Madrid no Camp Nou, em que a torcida do Barcelona atirou sobre o campo sanduíches, frutas, bolas de golfe, telefones celulares, garrafas de uísque, correias de bicicleta e a cabeça decepada e sangrenta de um javali. Se houve algum espírito democrático nessa manifestação, foi a universalidade do ódio. Homens fumando charuto e usando ternos de três botões, mulheres com colares de pérolas e terninhos da grife Escada gritavam os mesmos palavrões, de modo tão vulgar e em tom tão elevado quanto os trabalhadores braçais.

Como um torcedor do Barça, não posso negar esses pecados. Meu clube sofre de um ódio patológico pelo Real Madrid. O Real é o Celtic, nós, os Rangers. Mas há muitas diferenças-chave entre essa rivalidade e sua correspondente escocesa. Enquanto o Celtic e o Rangers se aliam cinicamente para explorar o ódio e lucrar com ele, não há racionalidade em nossa má vontade, nem um superego que governe nosso id. Quando o Barcelona se lança sobre o Real, age de maneira estúpida, contraproducente, não-lucrativa. O Barça tem uma longa história de frustrações, resultados que não fazem jus a seus elencos estelares e a suas fartas folhas de pagamento. E essa história pode ser atribuída – ao menos em parte – a nosso complexo com o Real Madrid.

Não é fácil superestimar o Real. Por qualquer medida, é o clube de futebol de maior sucesso – um New York Yankees em escala continental. Ganhou mais títulos da Liga Espanhola do que qualquer outro clube. Tem dominado a Liga dos Campeões. Mas ainda assim o Barça consegue dar muito mais crédito ao Real Madrid do que ele merece. Esta é a sua versão da política do futebol espanhol: um partido com raízes franquistas governa a câmara de vereadores de Madri. Para subsidiar os jogadores de futebol, a câmara comprou o campo de treinamento do Real Madrid pela quantia de 350 milhões de dólares. Com um cheque, a câmara municipal ajudou a financiar a aquisição de David Beckham, Ronaldo e Zinedine Zidane, que podem ser considerados os três melhores jogadores do mundo. Na visão catalã, a rede política do Real começa em casa, mas se estende até o mais alto topo. O ex-presidente da Espanha, o direitista José Maria Aznar, torce pelo Real desde os sete anos de idade. Ele costuma jantar com a diretoria do clube. Em função das conexões políticas do Real, o clube consegue tudo que quer. Quando torcedores do Barça atingiram jogadores do Real com o que tinham nos bolsos, a liga puniu o clube injustamente, fazendo-o jogar duas partidas em casa com os portões fechados, sem a presença de torcedores.

— O Real só é campeão quando ditadores, como Aznar e Franco, estão no poder – disse-me o radialista Xavi Bosch.

É um imponente retrato do poder e da influência, exceto pelos detalhes. Tal como o Real explorou uma câmara municipal que lhe era simpática, o Barça também tentou. Mas a arrogância de alguns políticos catalães estragou o negócio. Quando descrevem Aznar como um novo Franco, estão cometendo uma enorme ingratidão. Por muitos anos, Aznar incluiu nacionalistas catalães em seu governo de coalizão, cumulando-os de gastos estatais e sem jamais dizer uma só palavra contra o seu nacionalismo. Também não podem provar que Aznar tenha alguma vez utilizado seu peso político em benefício do clube que ama. Apesar disso, eles ficam furiosos com as simpatias de Aznar. Depois de ele jantar com a diretoria do Real, o presidente do Barcelona exigiu que lhe fosse concedida a mesma honraria.

Quando torcedores do Real ouvem essas acusações, dizem que são sintomáticas do tipo de pressão exercida pelos catalães. Afirmam que os catalães gostam de proclamar sua "vitimização" para poderem intimidar o governo central – e a Federação Espanhola de Futebol – a lhe prestar favores indevidos. Por que outro motivo a Catalunha consegue extrair mais dinheiro do governo central do que qualquer outra região da Espanha?

Essa explicação, embora contenha um quê de verdade, carece totalmente de empatia. Os torcedores do Barça odeiam Madri porque também sentem um pouco da culpa do sobrevivente. Seus pais e avós sofreram sob a tirania de Madri; morreram na guerra civil; eram impedidos de falar a própria língua. Mas na prosperidade da era democrática os catalães não têm uma base objetiva para se queixarem. Sua riqueza e seu renascimento cultural deveriam provocar comemorações triunfalistas. Não provocam porque a maioria dos catalães não está disposta a isso. Depois de verem o heroísmo dos pais, sentem-se como se vivessem uma vida desprovida da luta e de qualquer dimensão épica. Preocupa-os o fato de que seus pais ficariam desapontados com a tranqüilidade de suas existências.

O Barça é um bálsamo para esses sentimentos. Dentro dos seus limites, ele permite aos catalães imaginar que se integraram a uma luta secular contra Madri e o centralismo castelhano. Permite que se sintam como se eles, do mesmo modo que seus ancestrais, estivessem esmagados sob o domínio de imperialistas arrogantes.

— Os catalães não querem que o Barça vença – diz o jornalista Joan Poqui. — Se quisessem, não teriam tanto prazer em se fazerem de vítimas.

Mas mesmo nesse lado inconveniente e autocomplacente do Barça existe um aspecto oportuno. Compare o Barça com o

Celtic ou o Rangers. Os torcedores escoceses consideram-se mutuamente tribos inimigas dotadas de crenças inferiores que de fato não merecem ocupar sua cidade. É surpreendente que, apesar de todo o ódio pelo Real, a torcida do Barça sinta tão pouca animosidade em relação aos fãs do clube rival. São escassos os exemplos de *hooligans* do Barça enfrentando torcedores do Real. Isso porque eles não odeiam um grupo oposto de pessoas – têm raiva de uma idéia, a do centralismo castelhano. E não se pode bater numa idéia.

Sem um grupo de inimigos para focalizar sua atenção, o ódio dos torcedores do Barça tem como característica a falta de objetivo, a dispersão. Em conseqüência, eles dirigem seu ódio a si próprios com tanta freqüência quanto aos outros. Durante minha visita, vi a cidade se levantar contra o técnico do clube, um holandês chamado Louis van Gaal. Barcelona tem uma imprensa particularmente robusta cobrindo as atividades do clube. Dois jornais esportivos diários não têm outro objetivo óbvio senão ocupar cerca de 280 páginas por semana investigando a fundo as minúcias do Barça. Durante meses esse espaço foi usado exclusivamente para difamar Van Gaal. Uma reportagem típica analisa a comida consumida pelo técnico holandês em seus almoços, ao lado de fotografias documentando o crescimento de sua barriga. Quando ele se senta na 13ª fileira do avião do clube, os repórteres o interpretam como um sinal de sua deficiência de avaliação e de uma demissão iminente. Porém, esse é apenas o início de um mapeamento da paisagem midiática da Catalunha e de seus ódios. Um programa semanal de TV faz uma paródia do Barça, usando bonecos para produzir imagens cruelmente sarcásticas dos jogadores e do técnico, retratado sempre como uma pilha de tijolos com um pano de chão em cima.

Durante uma semana, a torcida promoveu demonstrações anti-Van Gaal em frente ao Camp Nou. Por vezes perturbavam de tal forma que Van Gaal interrompia o treinamento e levava a equipe para outro campo, mais reservado. Quando fiz contato com o grupo de manifestantes, ele me pareceu ser constituído principalmente por homens de meia-idade. Estavam atrás de um portão preto de ferro e gritavam na direção do campo, a cerca de 30 metros de distância. Embora fossem pouco mais de 20, produziam um efeito magnificamente ampliado. Não tinham uma única mensagem, apenas insultos e exigências quixotescas de novas escalações e estratégias. Como já estivessem protestando há uma semana – e a exigência de que Van Gaal fosse demitido parecesse perto de se concretizar –, nem o time nem a mídia pareciam dedicar-lhes muita atenção. Continuavam tocando solenemente os seus negócios.

Tentei conversar com esses descontentes. Um homem baixo e troncudo com uma combinação de suéter e blazer aceitou interromper por um instante sua gritaria. Ao me aproximar, seus insultos saíam com tal rapidez que eu realmente não conseguia acompanhá-lo. Era um dia de desconfortável calor mediterrâneo e ele ficava enxugando o rosto com um lenço.

— Por que está tão zangado? – perguntei.

Ele segurou meu antebraço com uma das mãos. Era difícil saber se esse gesto era de hostilidade ou intimidade. Por alguns instantes, talvez ele mesmo não soubesse.

— Nós o odiamos muito porque amamos muito o Barça. Dói.

9 COMO O FUTEBOL EXPLICA

a esperança do islã

I.

O maior estádio de Teerã – ou, nesse sentido, do mundo – é o de Azadi, com 120 mil lugares. O nome poderia fazer parte do vocabulário *Newspeak* de George Orwell.* Embora se traduza como "liberdade", representa algo próximo do oposto. Desde a revolução islâmica de 1979, as mulheres foram proibidas de assistir a jogos de futebol no Azadi. A proibição não é exclusiva desse estádio, nem mesmo do Irã. Aplica-se a amplas porções do mundo islâmico, onde é seguida sem muita controvérsia. Mas o fato fundamental é que o Irã não é a Arábia Saudita. Durante as últimas décadas de governo dos xás, as mulheres não eram obrigadas a se cobrir com burkas negras. Podiam ser altas funcionárias do governo, escritoras, advogadas e fãs do belo esporte.

Com tanta gente passando pelas roletas do Azadi, é impossível garantir sua conformidade aos aspectos mais estritos da lei islâmica. Os torcedores xingam na linguagem mais suja e claramente proibida. Fazem ataques verbais que não podem ser justificados por nenhuma interpretação do Corão. Alguns desses homens têm o rosto muito bem barbeado e usam roupas misteriosamente largas. Sob um olhar mais atento, percebe-se que não são realmente homens. Arriscando-se a punições severas, as mulheres de Teerã não conseguiram se afastar do Azadi. Deixam

*No romance *1984*, o regime do Big Brother impõe um novo idioma destinado a reduzir o alcance do pensamento atenuando ou invertendo o significado usual das palavras. (N.T.)

de lado os sutiãs, ocultam os cabelos longos, vestem-se como homens e se introduzem no estádio.

Esse grupo de mulheres ressentidas, famintas por futebol, incluía, segundo relatos, as filhas de sacerdotes importantes, as únicas iranianas que de fato tinham voz no governo do país. Suas queixas incessantes aparentemente sensibilizaram seus pais o bastante para que estes derrubassem o precedente jurídico. Em 1987, o ditador espiritual e político do Irã, o aiatolá Ruhollah Khomeini, decretou uma nova *fatwa* revogando a proibição absoluta em relação à torcida feminina. Falando por entre a longa barba branca, ele determinou que as mulheres poderiam assistir aos jogos pela televisão, a qual os transmitiria pela primeira vez na história islâmica, mas continuava desautorizando suas incursões aos estádios carregados de testosterona. E por algum tempo o ato conciliatório de Khomeini satisfez a todos.

Mas nem esse raro surto de raciocínio salomônico do mulá poderia aplacar os desejos profundos das mulheres iranianas. Como todo bom torcedor, elas viam a televisão como uma pobre substituta da experiência real, em carne e osso. Olhando em retrospecto, era inevitável que as mulheres exigissem o fim da proibição de freqüentarem os estádios do país. Mas essa exigência audaciosa requeria grande coragem e senso de oportunidade. O heroísmo da seleção iraniana em novembro de 1997 proporcionou-lhes ambas as coisas.

A campanha do Irã nas eliminatórias da Copa do Mundo resultou numa única partida decisiva contra a Austrália em Melbourne. Na maior parte do jogo, os iranianos chutavam a bola como se seu governo tivesse mandado que perdessem para evitar que as comemorações em Teerã pudessem escapar perigosamente ao controle. Mas nos últimos 15 minutos das eliminatórias – frenéticos, desesperados – os iranianos afastaram a letargia e marcaram dois gols surpreendentes e salvadores. O Irã iria à Copa do Mundo pela primeira vez desde que, 18 anos antes, o 747 de Khomeini levara o aiatolá exilado de volta para Teerã.

Com seu faro romano no que tange a autopreservação, o regime começou imediatamente a se preparar para as comemorações, sabendo que pessoas eufóricas deixam de lado a racionalidade e, sem esta para guiá-los, podem ficar loucas o bastante para montarem barricadas. O cenário futebolístico já começava a refletir as aspirações por um novo Irã, mais liberal – o mesmo espírito que havia guindado à presidência, meses antes, o reformista Mohammad Khatami. Pela primeira vez na história da república islâmica, um técnico estrangeiro dirigia o time, o brasileiro Valdeir Vieira. Ao se postar na lateral do campo, ele usava uma gravata – moda que os xás haviam instituído como emblema do Irã moderno e os aiatolás rejeitavam como imposição européia. Muitos dos jogadores comandados por Vieira atuavam em ligas da Europa e da Ásia, auspiciosos exemplos da interação do Irã com a economia global.

Com efeito, as autoridades tinham razão para se sentirem ansiosas. Depois da vitória, as ruas de Teerã se encheram de pessoas festejando. Sua alegria as levou a deixar de lado a moral oficial. A dança, a bebida e a música pop ocidental, normalmente confinadas aos lares, tornaram-se a essência da comemoração pública. Se os foliões fossem apenas homens, isso teria sido uma coisa. Mas nos bairros abastados, e em especial entre os jovens, a vitória foi festejada por homens e mulheres. Algumas delas tiraram o *hijab* e participaram da comemoração sem os adornos que devem obrigatoriamente cobrir suas cabeças. Quando os *basiji*, membros da milícia religiosa paramilitar, chegaram para pôr fim às manifestações, foram convencidos a aderir à festa.

Uma delicada operação destinada a serenar os ânimos estava agora em curso. O governo pediu que o time prolongasse sua viagem de volta da Austrália, fazendo uma escala de lazer em Dubai, a fim de ganhar tempo para que a situação em Teerã esfriasse. Mensagens transmitidas pelo rádio advertiam os cidadãos contra comemorações seculares que desagradam Alá. Outras mensagens dirigiam-se especificamente às mulheres do país, "nossas queridas irmãs", exortando-as a permanecerem em casa durante os festejos de boas-vindas à equipe.

Quando o time por fim regressou, três dias depois, o governo realizou a comemoração no Azadi. Os heróis chegaram ao estádio de helicóptero, como se o evento tivesse sido planejado por

Silvio Berlusconi. Mas o verdadeiro espetáculo não foi dentro do estádio. Milhares de mulheres desafiaram os apelos do governo e se reuniram do outro lado dos portões do Azadi, sob um frio de três graus negativos.

Como relatou o antropólogo Christian Bromberger, quando a polícia se recusou a permitir que essas mulheres entrassem no estádio, elas começaram a gritar: "Não somos parte desta nação? Também queremos comemorar. Não somos formigas." Com medo da turba, a polícia deixou que três mil mulheres ocupassem assentos especiais, isolados do resto do estádio. Mas o que fazer com as duas mil, aproximadamente, do outro lado das roletas, que não tinham conseguido entrar no Azadi? O fato de as "queridas irmãs" terem entrado não foi suficiente para acalmá-las. Determinadas a também participar da comemoração, elas romperam a barreira policial e forçaram caminho para dentro do estádio. Querendo evitar um grande tumulto que poderia canalizar as emoções cruas do momento numa direção perigosa, a polícia não tinha alternativa senão fazer vistas grossas à invasão e considerar-se derrotada.

II.

Quando, no futuro, historiadores escreverem sobre a transformação no Oriente Médio, provavelmente se expressarão com lirismo sobre esse momento, que já se tornou conhecido como a "revolução do futebol". Tal como a Festa do Chá de Boston, ele será visto como o momento em que o povo percebeu pela primeira vez que podia confrontar os tiranos que o governavam. Para os iranianos, o evento serviu como modelo de revolta, de tal modo que todos os bons resultados subseqüentes nas eliminatórias da Copa do Mundo fizeram com que o povo saísse às ruas. Com o tempo, o subtexto político dessas manifestações se tornou cada vez mais explícito. Durante a campanha de 2002, a cada vitória iraniana – contra a Arábia Saudita, o Iraque e os Emirados Árabes Unidos –, os torcedores em festa cantavam "*Zindibad azadi*" (viva a liberdade) e "Nós amamos os Estados Unidos". Mas até isso pode ser pouco para se entender a importância da revolução do futebol. Mais que um evento, a revolução do futebol é a chave para o futuro do Oriente Médio. Esse futuro pode ser entrevisto na agitação de bandeiras nacionais pré-islâmicas, nos grafites louvando o "nobre povo do Irã" e nas pessoas gritando o nome de Reza Pahlevi, filho exilado do último xá – as raízes de um levante nacionalista contra o Islã.

Mas será que a revolução do futebol é aquela que os Estados Unidos desejam? Não faz muito tempo, o nacionalismo secular parecia o grande inimigo no Oriente Médio. Ditadores como Gamal Abdel Nasser, Muammar Kaddafi e Hafez Assad eram os maiores espinhos na garganta dos norte-americanos, patrocinando seqüestros e guerreando com Israel. Nos anos 1980, contudo, esses nacionalistas árabes entraram num período difícil. Não podiam mais recorrer à ajuda soviética, e a primeira Guerra do Golfo mostrou que os norte-americanos podiam esmagar facilmente até mesmo os mais poderosos membros desse grupo. Além disso, desde a época de Nasser, esses secularistas vinham competindo com movimentos islâmicos financiados pela Arábia Saudita. Agora, com os nacionalistas levados à lona, o Hamas, o Hezbollah, a al-Qaeda e os pregadores radicais wahabitas tinham ganhado um trunfo importante em sua luta por hegemonia sobre as mentes muçulmanas.

Sem dúvida, os velhos ditadores causaram muita dor de cabeça, mas os Estados Unidos sabiam basicamente como lidar com eles. Era possível jogar uns contra os outros e, em última instância, desprezá-los como bufões relativamente inofensivos. Os muçulmanos, por outro lado, constituíam um problema pouco conhecido e incontrolável. Como fazer a maré virar contra eles? Uma resposta foi injetar mais globalização na região. Mas isso até agora não funcionou. Em lugares como o Paquistão, a proliferação de cadeias de *fast food* como a KFC e de filmes indianos tem comprovadamente aumentado o problema. Ao apresentarem o modo de vida ocidental, eles atraem a atenção para a humilhante falta de modernidade do mundo islâmico. Outra resposta ao problema do islamismo, a solução neoconservadora, propõe que os

Estados Unidos empurrem agressivamente o Oriente Médio para a democracia. Mas o próprio fato de os Estados Unidos serem a única força seriamente comprometida com a democratização significa que o ódio cego pelo mensageiro vai solapar a mensagem. A revolução do futebol mostra que o melhor antídoto ao islamismo talvez não seja algo novo, mas um retorno ao nacionalismo secular.

Com efeito, a revolução do futebol é o presságio de um cenário promissor: esse povo não aceitará para sempre a teocracia, especialmente porque pode lembrar-se de uma era de maior liberdade antes do governo clerical. Quando se revoltar, pode pedir uma ajuda transitória aos Estados Unidos, mas sua revolta será principalmente em nome de sua nação. Talvez não concordemos sempre com os novos nacionalistas – que podem fazer seus disparos retóricos contra os Estados Unidos –, mas é possível que eles sejam a única alternativa viável ao regime do Islã.

III.

A história do Islã moderno pode ser contada como a história do futebol iraniano. Começa logo depois da Primeira Guerra Mundial com o xá Reza o Grande, Rei dos Reis, Sombra do Supremo, Vigário de Deus e Centro do Universo, fundador da dinastia Pahlevi. Reza Khan, o homem que se tornaria o xá na maturidade de seus 47 anos, não nasceu para o palácio. Ele fora um soldado provinciano semi-analfabeto que ganhou nome liderando um bando de cossacos treinados na Rússia. Mas aos olhos dos britânicos, que estavam afundados nos poços de petróleo iranianos e tentavam governar o país com tranqüilidade, ele era um zero à esquerda – um homem sem ambições políticas, acostumado a obedecer. Em 1921, o general *sir* Edmund Ironside, servindo em Teerã, sugeriu humildemente que Reza poderia querer tomar o poder. O antigo governo tornara-se muito nacionalista e não-confiável para o gosto de Ironside. Com as bênçãos britânicas, o golpe de Estado comandado por Reza era um *fait accompli*. Quatro anos mais tarde, Reza recebeu a maior recompensa por sua cooperação. Despachou o velho monarca para a Europa, assumiu seu longo título e todos os adornos da realeza. Foi um grande passo para um simples aldeão. Mas, como comprovariam os britânicos, ele mostrou não ser o manipulável ignorante que se imaginava. Usou os militares como instrumento para remodelar a sociedade persa à imagem da prussiana, uma nação moderna capaz de competir com a Europa. Tal como seu outro modelo político, o grande reformador turco Kemal Atatürk, ele construiu estradas e ferrovias e esmagou práticas tradicionais, menosprezando os mulás e abolindo o *chador*. Obrigou os homens a jogarem suas túnicas no lixo e vestirem ternos ocidentais. Para construir uma nação moderna, queria criar um homem iraniano moderno que compreendesse os valores da higiene, da competição viril e da cooperação.

Tornou-se um defensor entusiástico da educação física, um passo na direção da ginástica alemã, que ele introduziu no currículo escolar. O futebol logo se tornou a atividade preferida do regime. O xá ordenou que as forças armadas disputassem partidas até mesmo nas províncias, onde os sapatos europeus ainda não tinham feito sua aparição. "Em meados da década de 1920", escreveu o incisivo historiador Houchang Chehabi, "o futebol se tornara um símbolo da modernização, e logo era promovido pelos mais elevados escalões do Estado."

Tal como o próprio xá, a força inicial do futebol deveu-se aos britânicos. A elite iraniana tinha aprendido o jogo em escolas missionárias dirigidas por estrangeiros. E as massas iranianas o aprenderam observando, nas laterais do campo, os empregados da companhia petrolífera Anglo-Persa. A idéia de modernização em geral, e o futebol em particular, representava um choque para o sistema muçulmano. Embora o xá Reza Pahlevi reprimisse os clérigos, estes ainda opunham uma resistência silenciosa. Nas aldeias, por ordem dos mulás, os jogadores de futebol eram apedrejados. Jogando com uniformes ingleses, os iranianos passaram a usar shorts, desobedecendo a *shari'a*, que manda os homens cobrirem as pernas até os joelhos.

Mas as velhas regras não tinham chance contra a força dos modernizadores, apoiados por um Estado poderoso. O regime do xá tomou terras pertencentes às mesquitas e as transformou em campos de futebol. Com o tempo, o entusiasmo do Estado por esse esporte cresceu cada vez mais. Enquanto o xá Reza abraçava o jogo por motivos amplamente teóricos, seu filho o adorava com a paixão de um purista. O príncipe Mohammad Reza Pahlevi jogara futebol na Escola Rosey, na Suíça. Voltando ao país natal em 1936, foi atacante do time da escola de oficiais que freqüentou. Quando, em 1941, os britânicos obrigaram o xá Reza a abdicar do trono do pavão em favor de seu filho, depois de ele ensaiar uma estúpida aproximação com os nazistas, entronizaram o maior fanático por futebol do país.

Embora o Irã estivesse longe das frentes de batalha européias e asiáticas, a pressão modernizadora dos Pahlevi sofreu grandes contratempos com os deslocamentos econômicos da Segunda Guerra Mundial. Com o país enfraquecido, as influências externas – ainda a britânica e cada vez mais a norte-americana – se tornaram mais fortes que nunca, culminando com o golpe de Estado conduzido pela CIA que depôs o primeiro-ministro Mohammad Mossadegh, democraticamente eleito, em 1953. Nas cidades, tanto a *intelligentsia* socialista quanto os clérigos tradicionais começaram a se afirmar. Importantes questões de Estado pesavam na cabeça do novo xá. No entanto, como um fã devotado, ele não pôde tolerar as derrotas sofridas pela seleção iraniana nos anos 1950, e começou a destinar recursos para a formação de um grande time.

Na segunda década de seu governo, o trabalho árduo rendeu frutos. Como parte do continuado programa de crescimento ultraveloz e de modernização do regime, as cidades recém-industrializadas receberam milhões de migrantes provenientes das províncias. Esses recém-chegados, que pela primeira vez tinham uma folga em sua labuta agrícola de 24 horas por dia, sete dias na semana, começaram a preencher o tempo de lazer jogando futebol. Os novos cidadãos urbanos que não tinham dinheiro para ir ao estádio assistiam às partidas pela televisão – veículo que cresceu enormemente no final dos anos 1960. Mas a popularidade do esporte se baseou em boa parte num único jogo contra Israel, na esteira da guerra de 1967. Ao contrário do resto do mundo islâmico, os iranianos tinham uma aliança secreta com o Estado judeu que sobreviveu aos tumultos do final da década de 1960. (Israel tem tido freqüente sucesso no cultivo de aliados não-árabes nas bordas do mundo islâmico.) Em função dessa aliança, os iranianos não se uniram aos outros Estados muçulmanos, que se recusavam até mesmo a cruzar com os israelenses no campo do esporte.

O jogo foi pela Copa das Nações Asiáticas, uma competição quadrienal. Embora o regime mantivesse relações com Israel, o povo iraniano não estava totalmente de acordo com isso. No início do torneio, quando Israel enfrentou Hong Kong, iranianos atiraram garrafas nos jogadores israelenses. Segundo o relato de Houchang Chehabi, o jogo com Israel foi um estudo de caso sobre o mau gosto. Torcedores soltaram balões cobertos de suásticas. Cantavam: "Bola pela segunda vez na rede – uma vitória. O rabo de Moshe Dayan está lanhado e dolorido."

Diversos teóricos explicam a lógica subjacente à decisão do xá de permitir que essa disputa fosse em frente. Muitos iranianos argumentam convincentemente que o xá organizou a partida para desviar os sentimentos antiisraelenses numa direção inofensiva. Outros sustentam que os israelenses perderam o jogo por 2 x 1 para alegrar o xá, seu amigo. Qualquer que tenha sido o raciocínio deste, a vitória do Irã adquiriu um significado mítico. Compositores populares transformaram-na em canções. Os jogadores viraram ícones nacionais cujos chutes e passes eram recriados pelas crianças em milhares de peladas de rua.

Se o regime foi sutil em explorar o jogo contra Israel para se reforçar, esse tipo de exploração ficou mais óbvio nos anos seguintes. Houve um surto de futebol nos anos 1970, com a formação de grandes rivalidades entre clubes. Membros da família real perceberam essa nova popularidade e começaram a torcer publicamente pelo time do Taj (Coroa). Para cobrir a base de apoio da monarquia, a mulher do xá era fã do grande rival do Taj, o Persépolis. Com a monarquia tão intimamente identificada com o futebol, seus oponentes não poderiam deixar de escolhê-lo como alvo, muitas vezes interrompendo as partidas para realizarem seus protestos.

O regime do xá tinha muitos defeitos, especialmente a inegável brutalidade com que tratava os opositores. Mas sua maior falha, que acabou por derrubá-lo, foi o programa de modernização implementado pelo xá. Ele forçou a economia a marchar com demasiado vigor e rapidez no rumo da urbanização e da industrialização. Costumes persas seculares foram erradicados e alterados no curso de uma geração marcada por transformações febris. Quando os revolucionários depuseram o xá, em 1979, fizeram de tudo para revogar o símbolo esportivo de seu programa de modernização. Transformaram o campo de futebol da Universidade de Teerã, desfazendo as desapropriações realizadas pelo xá, e passaram a usá-lo como palco para as orações das sextas-feiras. Nacionalizaram os clubes de futebol, fazendo com que o Taj mudasse de nome para Esteghlal (Independência) e o Persépolis para Piroozi (Vitória). Em seus periódicos e panfletos, os ascéticos puritanos deixaram claro que consideravam a profissão de jogador de futebol degradante. Uma típica condenação revolucionária dizia: "Não seria melhor se, em vez de ficar fazendo palhaçadas como os ingleses e norte-americanos a fim de 'brilhar' na arena internacional, [os jogadores] brilhassem na companhia de seus irmãos da ... *jihad* em nossas aldeias, que carecem das mais simples diversões? Será que já resolvemos todos os problemas políticos, econômicos e culturais para podermos nos dedicar ao esporte?"

IV.

Em pouco tempo, o regime islâmico conseguiu virtualmente eliminar a cultura pop iraniana, expurgando divas e *crooners* e rejeitando qualquer filme que mostrasse carne em excesso. Mas quando essa pressão se estendeu ao esporte, a posição do regime tornou-se insustentável, colocando o novo governo em oposição direta a uma grande paixão do povo iraniano. E os mulás logo perceberam que erradicar o futebol não valia o preço político. Como não podiam acabar com esse esporte, adotaram a segunda opção: tentaram cooptá-lo e aproveitar tudo que pudessem dele. Por algum tempo, agentes do governo infiltraram-se nas torcidas e tentaram puxar cânticos em homenagem a Alá. O regime também tentou divulgar seus slogans nos placares dos estádios. Em vez de anunciarem Toshiba e Coca, eles pregavam "Abaixo os Estados Unidos" e "Israel deve ser destruído".

Mas não é provável que o governo realmente imaginasse que essas mensagens políticas poderiam atingir – mesmo que de modo subliminar – os torcedores arrebatados. Com efeito, ao invés de erguer os punhos e gritar slogans islâmicos, as multidões chegaram perto do contrário. Elas riam dos líderes de torcida islâmicos fora do estádio. A inequívoca mensagem de que a mesquita deveria ficar fora do esporte foi enfim ouvida pelo Estado. O regime interrompeu suas atividades de agitação e propaganda no futebol e começou a planejar um curso de ação mais realista, focalizado em reduzir as perdas e limitar as influências não-islâmicas que pudessem acompanhar o esporte. Nesse sentido, foi de uma compreensão extraordinária. Em alguns jogos, o governo insistia em retardar um pouco as transmissões de TV, de modo a que os censores tivessem tempo para eliminar a linguagem chula ou as mensagens políticas veiculadas pela torcida. Em outros jogos, ele reduzia eletronicamente o alarido dos torcedores a um ruído quase inaudível. Durante a Copa do Mundo de 1998, o governo iraniano ficou apavorado com seus opositores no exílio, em especial com um grupo filomarxista chamado Mujahidin do Povo, que enchia os estádios da França portando faixas e entoando cantos elaborados com cuidado. Para evitar a transmissão de suas mensagens constrangedoramente subversivas, a televisão iraniana não mostrava tomadas da multidão real. Em vez disso, usava imagens editadas de arquivo que não poderiam ser consideradas muito convincentes. Os torcedores que elas mostravam estavam cobertos de agasalhos pesados absolutamente inadequados ao clima da França no mês de junho.

Mas o que faz com que o regime tenha medo do futebol? Numa cena altamente humorística do filme *A vida continua*, do cineasta Abbas Kiarostami, passado no período subseqüente a um terremoto, os homens se esforçam para regular uma antena a fim de assistirem a um jogo entre Áustria e Escócia. Não se trata, devemos observar, de gigantes do futebol atual. Mas isso é irrelevante. Os iranianos são fãs do futebol internacional porque o esporte os liga ao Ocidente avançado, capitalista, não-islâmico. Quando assistem aos jogos da Copa do Mundo, não podem deixar de ver os cartazes nas laterais do campo anunciando produtos como PlayStation, Doritos e Nike, um modo de vida a que os iranianos estão proibidos de aderir. Os conservadores percebem essa conexão. Em seus jornais, os editores de fotografia maquiam os anúncios que adornam os uniformes dos jogadores ocidentais.

Uma vez mais, porém, controlar os prejuízos é uma tarefa que supera a capacidade dos conservadores. Eles podem maquiar os anúncios, mas não os jogadores. Qualquer foto de David Beckham, por exemplo, com seu penteado em constante mudança, do arrepiado ao moicano e daí para o rabo-de-cavalo, representa uma idéia de liberdade. É uma idéia que os jogadores iranianos assumiram. Quase todos os atletas da seleção iraniana não usam barba e têm os cabelos cuidadosamente tratados. São grandes ídolos e muitos jogam na Alemanha, Inglaterra, Singapura e outros postos de fronteira da economia global. Não poderiam ser mais diferentes do respeitoso ideal de masculinidade iraniana que os clérigos da cidade santa de Qum gostariam de projetar.

A eleição presidencial de 1997 apresentou a grande esperança branca, o sacerdote e intelectual Mohammad Khatami. Em seus textos, ele defendia a compatibilidade entre o Islã e o liberalismo. Seus adeptos sonhavam em voz alta que sua eleição iria introduzir uma nova era de democracia, sociedade civil, liberdade de expressão e maiores direitos para as mulheres. Embora tantos depositassem suas esperanças em Khatami, a maioria dos iranianos não se permitia ter tanto otimismo. Khatami era de longe o pobre-coitado na eleição. Seu adversário Ali Akbar Nateq-Nouri, também um clérigo, tinha as bênçãos do maior mulá do país, o Aiatolá Khamenei, e representava as forças do *establishment* conservador. E no Irã os sacerdotes podem, quase que ao bel-prazer, fazer uso da força, utilizando as milícias para impor suas idéias.

Khatami articulou as peças de uma agenda mais liberal. Mas o discurso político iraniano dificilmente poderia ser descrito como um mercado de idéias modelar. Certos pensamentos não podem ser expostos. Devem ser transmitidos por meio de subtextos e símbolos, como atletas cercando um candidato.

Entre os jogos e atividades de lazer dos iranianos, o mais antigo e venerado é o *zurkhaneh*, a casa forte. Mais precisamente, o *zurkhaneh* não é um esporte, mas o local onde este é praticado – jogos nativos que envolvem erguer objetos pesados e outras demonstrações de força bruta que lembram a luta livre e o levantamento de peso. Os rituais do *zurkhaneh* são prescritos com cuidado. Os movimentos iniciam-se com a louvação da família do profeta. Em função de suas raízes islâmicas, os conservadores iranianos têm uma afinidade nada surpreendente com o *zurkhaneh*. Seus jornais dedicam um grande espaço à cobertura desse esporte – e praticamente ignoram o futebol. Em sua campanha, Nateq-Nouri posou com lutadores campeões e fez com que sua devoção ao esporte fosse amplamente alardeada.

Inadvertidamente, Nateq-Nouri transformou-se no perfeito oposto de Khatami. Sem ter de falar muito sobre a democracia ou o Ocidente, Khatami pôde apresentar-se aos iranianos famintos por reformas associando sua imagem ao estádio de futebol. Cercou-se de jogadores famosos que o apoiavam. Não há como avaliar todo o efeito dessa estratégia. Mas a lógica é muito clara. A vibrante juventude iraniana olhava para o Ocidente, e em particular para o futebol, em busca de inspiração. Aos seus olhos, a ligação com o futebol indicava em que realmente se baseavam os sentimentos de Khatami – que por fim surpreendeu o público e ganhou a eleição.

Mas assumir a presidência e satisfazer as grandes aspirações de seus eleitores são duas coisas diferentes. Infelizmente, Khatami não conseguiu realizar os sonhos dos iranianos jovens, de tendência secular, porque nunca foi a criatura que eles imaginavam. Era um intelectual sem coragem nem força para desafiar totalmente os sacerdotes no poder. Mais importante, ele próprio era um clérigo tradicionalista.

Nos últimos três anos, o descontentamento com Khatami ocasionalmente vem à tona. Muitas dessas manifestações de discordância tiveram lugar depois de jogos relacionados à Copa do Mundo. Como sempre, o regime tentou prevenir tais erupções por meio de gestos simbólicos. Após uma derrota nas eliminatórias da Copa do Mundo de 2002, o governo preparou um bolo com 12 mil ovos, distribuído à população de Teerã em caminhões refrigerados. Mas o doce não foi suficiente para restaurar a fé da juventude, que começou a procurar uma alternativa tanto para os mulás quanto para os sacerdotes reformistas como Khatami. Até agora essa alternativa não assumiu uma forma clara, mas há sinais de uma tendência. Existe entre os jovens uma considerável nostalgia pela época do xá, embora nenhum deles a tenha vivido. Fitas contrabandeadas de astros pop do passado têm tido ampla circulação. A gravata ressurgiu. É o mesmo impulso que leva os revolucionários do futebol a gritarem o nome do filho do xá.

O que o Ocidente deve fazer com respeito à revolução do futebol? É plausível afirmar que ela representa o inevitável desafio colocado ao Islã pela globalização. Mas não pode ser só isso. O futebol prospera na maior parte do mundo islâmico sem se contrapor ao radicalismo. O Hezbollah patrocina um time de futebol no Líbano, e no passado adquiriu os direitos de transmissão da Copa das Nações Asiáticas para sua cadeia de rádio. Os Estados do Golfo, de orientação wahabita, têm importado astros ocidentais veteranos para ganhar seu último salário jogando em suas ligas. Construíram arenas principescas com placas de mármore e ouro, tais como o impressionante Estádio Internacional Rei Fadh, em Riad, de estilo beduíno.

O que torna a revolução do futebol diferente é que ela se mesclou ao fervor nacionalista e o colocou contra o Estado. Tão grande quanto a devoção dos iranianos ao Islã é sua devoção ao Irã – e nem sempre elas foram a mesma coisa. Há uma história recente de nacionalismo secular que se coloca como alternativa. Pode não ser a melhor, mas por enquanto terá de servir.

10 COMO O FUTEBOL EXPLICA as guerras culturais nos Estados Unidos

I.

Minha carreira futebolística começou em 1982, aos oito anos de idade. Era um momento inteiramente diferente na história do futebol norte-americano, muito antes de o esporte juvenil adquirir a infra-estrutura altamente desenvolvida atual. Nossos times não tinham nomes. Costumávamos chamar um ao outro pela cor do uniforme: "Vai, Marrom!" Nosso técnico, um alemão barbudo chamado Gunther, nos xingava utilizando uma nomenclatura européia que não se traduzia bem para o inglês. Para me mandar matar a bola com a parte superior do corpo, ele gritava: "Use os peitos, Frankie!"

Se viesse a me tornar um jogador de futebol, eu estaria desafiando as leis da hereditariedade esportiva consagradas pelo tempo. Por gerações, os pais passaram para os filhos suas preferências em matéria de esporte. Meu pai, como a maioria dos homens nascidos durante o *baby boom* do pós-guerra, cresceu loucamente apaixonado pelo beisebol. Por que meu pai não me passou essa devoção? A resposta tem a ver com a época e a classe a que meus pais pertenciam, ou seja, eles eram filhos dos anos 1960 e vivíamos numa área de yuppies do Upper Northwest de Washington, capital, um denso conglomerado de advogados formados pelas grandes universidades, com uma postura política agressivamente liberal e um estilo de paternidade excepcionalmente protetor. Quase todos os membros do círculo social a que meus pais pertenciam colocaram os filhos para jogar futebol. Era o que ditava a moda. Nas manhãs de segunda-feira, na escola, todos nós ficávamos zanzando com os mesmos uniformes brancos baratos ornamentados pelo emblema de nossa liga, a Montgomery Soccer Inc.

Colocar o filho para jogar futebol podia estar de acordo com a moda, mas não era uma decisão que se pudesse tomar de maneira leviana. Quando papai jogava beisebol em cancha de areia, andava apenas três quarteirões até o campo do seu bairro. Com o futebol, isso simplesmente não era possível. Nesse estágio inicial do *boom* do futebol para jovens, a cidade de Washington não tinha uma única liga local. Meus pais enchiam o seu Honda Accord prateado e me levavam a campos situados nas profundezas dos subúrbios de Maryland, viagens de 40 minutos através de uma paisagem composta de imensas lojas de ferragens e condomínios novinhos em folha. Em parte, essas viagens levavam tanto tempo porque meus pais ficavam andando em círculos, totalmente perdidos, por subúrbios que nunca tinham visitado e talvez nunca voltariam a ver.

Como descobri mais tarde, meus pais sacrificavam desse modo o seu tempo de lazer por acreditarem que o futebol teria poderes transformadores. Eu era vítima de um caso extremo de timidez. Dizem-me que ele ia além de ficar grudado às pernas de minha mãe. Na lateral do campo, durante os intervalos, eu me sentava em silêncio, à margem das conversas dos garotos, sem jamais participar delas. Meus pais esperavam que o esporte pudesse exigir que eu me tornasse mais agressivo, rompendo minha inibição.

A idéia de que o futebol poderia aliviar a timidez não era uma teoria excêntrica em matéria de educação dos filhos. Fazia parte da sabedoria convencional dos pais yuppies. A atração do futebol reside em sua oposição aos outros esportes populares. Para a geração dos anos 1960, havia algo de repugnante em colocar os filhos para praticar futebol norte-americano, um jogo em que a violência não é acidental, mas inerente. Eles não queriam transmitir a aceitabilidade da violência, muito menos submeter seus preciosos filhos ao risco de contusões. O beisebol, em que cada batedor deve ficar no centro da cancha quatro ou cinco vezes por jogo, dava margem a muitos embates estressantes e capazes de rebaixar a auto-estima. O basquete, antes da era Larry Bird, ainda tinha a marca do gueto.

Mas o futebol representava algo muito diferente. Era uma *tabula rasa*, um esporte no qual uma geração de pais poderia projetar seus valores. Rapidamente, ele veio a representar os princípios fundamentais da educação yuppie, o espírito de Vila Sésamo e do dr. Benjamin Spock. Diferente de outros esportes, ele reforçaria a auto-estima, minimizaria a dor da competição, dando ao mesmo tempo lições de vida. Dick Wilson, diretor-executivo da American Youth Soccer Organization desde o início dos anos 1970, descrevia a atitude desta forma: "Gostaríamos de proporcionar à criança uma chance de participar em uma atmosfera menos competitiva, menos voltada para a vitória. ... Exigimos que os times sejam equilibrados, e que não permaneçam intactos de um ano para outro, que se dissolvam e se reconstituam totalmente na temporada seguinte. O objetivo é evitar que os adultos criem condições para construírem suas dinastias do tipo 'vencer a qualquer custo'."

Isso era típico do pensamento de uma geração de teorias de educação familiar pós-anos 1960, uma extensão do espírito da contracultura – a idéia de Theodor Adorno de que lares rígidos e emocionalmente estultificantes geravam crianças autoritárias e intolerantes. No entanto, apesar de toda a conversa sobre liberdade, o estilo de educação familiar dos anos 1960 também tinha um lado menos *laissez-faire*. Tal como o movimento de consumidores daquela década, que incorporou aos carros norte-americanos o cinto de segurança e o *airbag*, o movimento futebolístico achou que podia criar um conjunto de regras e regulamentos que protegesse tanto o corpo quanto a mente da criança. Ligas como aquela em que eu jogava entregavam troféus de participação a todos os jogadores (ou jogadoras), não importa quantas partidas seu time tivesse ganhado. Outras ligas tinham parado de exibir os placares das partidas ou até mesmo de manter um escore. Embora a maior parte do mundo aceite a cabeçada como um elemento essencial do jogo, os pais dos futebolistas norte-americanos se queixavam do potencial de danos para o cérebro. Isso fez florescer toda uma indústria de equipamentos para a cabeça, não muito diferentes dos capacetes usados pelos boxeadores em seus treinamentos, com a finalidade de suavizar as pancadas. Mesmo não havendo muitas evidências no campo da medicina para sustentar esse medo, algumas ligas juvenis simplesmente proibiram as cabeçadas.

Isso revela uma diferença mais fundamental entre o futebol da juventude norte-americana e o que é praticado no resto do mundo. Em qualquer outro lugar do planeta, a sociologia do futebol pouco varia: ele é o espaço da classe trabalhadora. É claro, pode haver aristocratas, como Gianni Agnelli, que se interessem por ele, e casos como o do Barça, em que o esporte domina a comunidade de forma transcendental. Mas tais casos são raros. O dos Estados Unidos é ainda mais raro, tendo invertido a estrutura de classe do futebol. Nos EUA, tirando os imigrantes latinos, são os profissionais liberais que, como classe, acompanham o esporte com maior avidez, enquanto a classe trabalhadora não lhe dá a mínima. Pesquisas de opinião, encomendadas por fabricantes de material esportivo, mostram a participação desproporcional de crianças oriundas de famílias das classes média e alta entre os praticantes desse esporte. Metade deles pertence a famílias com renda superior a 50 mil dólares. Ou seja, são de uma sólida classe média ou mais.

As elites nunca foram muito estimadas na política norte-americana do pós-guerra – ou pelo menos têm sido fácil de atacar. Mas a geração das elites que adotou o futebol constituiu um alvo especialmente oportuno. Isso porque seus membros cursaram faculdade nos anos 1960 e 1970, período em que a contracultura se voltou timidamente contra o conformismo paralisante do que viam como a América tradicional. Mesmo quando esse grupo se afastou da postura política radical de sua juventude, ele manteve alguns dos antigos ideais, incluindo o cosmopolitismo convicto e o desprezo em relação à região central dos Estados Unidos, o "flyover country". Quando os membros desse grupo adotaram o futebol, a impressão foi de que tinham dado as costas ao passado norte-americano. Isso, naturalmente, aumentou o desdém de que eram alvo – e também pelo futebol.

Os intelectuais têm tentado de várias formas resumir as divisões culturais dos Estados Unidos. Na década de 1980, falavam de uma "guerra cultural" – a luta a respeito de livros didáticos, aborto, orações nas escolas, ação afirmativa e financiamento das artes. Essa guerra colocou os conservadores, que defendiam a tradição e a moral, contra os liberais, que apoiavam a modernidade e o pluralismo. Mais recentemente, esse debate tem sido descrito como o racha entre "a América vermelha e a azul" – as duas cores usadas para distinguir as preferências partidárias nos mapas que representam o voto nas eleições presidenciais. Mas outro instrumento explicativo ainda está por penetrar nos departamentos de ciência política e na pauta nacional dos jornais. Há uma importante clivagem entre as partes do país que adotaram o futebol como passatempo e as que não o fizeram. E essa distinção revela uma fonte subestimada da clivagem cultural norte-americana: a globalização.

II.

Outros países receberam o futebol com relativa indiferença. O subcontinente indiano e a Austrália logo vêm à mente. Mas os Estados Unidos talvez sejam o único país em que uma ampla parcela da população despreza efetivamente esse esporte, chegando a se mobilizar contra ele. Esse *lobby* antifutebol acredita, nas palavras de Tom Weir, do *USA Today*, "que detestar esse esporte é mais norte-americano do que a torta de maçã, dirigir uma picape ou passar as tardes de domingo zapeando na TV". Weir exagera a profundidade desse sentimento, mas o grupo dos inimigos do futebol tem um poder considerável. Sua influência se baseia fundamentalmente numa legião de comentaristas e jornalistas esportivos de prestígio que usam suas colunas para atacar o esporte, em especial por ocasião da Copa do Mundo.

Não apenas intelectuais enterrados no Caderno C do jornal, mas pessoas com poder real acreditam que o futebol representa uma genuína ameaça ao modo de vida norte-americano. Antigo zagueiro do Buffallo Bills, Jack Kemp, um dos conservadores mais influentes dos anos 1980, homem que era mencionado quase no mesmo tom em que se falava da presidência, apoiava essa posição. Em 1986, ele foi ao Congresso dos Estados Unidos para discursar contra uma resolução em apoio ao pleito norte-americano de sediar a Copa do Mundo: "Penso que é importante para todos aqueles jovens lá fora, que esperam algum dia jogar o verdadeiro futebol, no qual você arrremessa e chuta e corre com a bola nas mãos, que se faça uma distinção entre o futebol norte-americano, democrático e capitalista, e o outro, europeu e socialista."

Os amantes do futebol em geral não conseguem resistir à tentação de rejeitar esses críticos como xenófobos e reacionários intoxicados por um senso de superioridade cultural, o lado esportivo do conservadorismo ao estilo do movimento America First, de Pat Buchanan. Por algum tempo, eu mesmo acreditei nisso. Com o passar dos anos, porém, conheci muitos conservadores que discordam violentamente dessa mistura da política com o esporte. E já vi muitos liberais atacando o futebol, gente que escreve para publicações como o *Village Voice* e que não seria plausível agrupar no campo troglodita da política norte-americana. De modo que, se o ódio ao futebol nada tem a ver com a política, definida de maneira convencional, por que tantos norte-americanos se sentem ameaçados pelo belo jogo?

Venho reunindo há anos um arquivo sobre esse *lobby* antifutebol. A pessoa sobre quem coletei o maior volume de material é Jim Rome, um radialista muito popular especializado em programas de escândalos. Rome chegou ao cenário nacional em meados dos anos 1990 e construiu uma audiência zombando de forma auto-elogiosa das normas sociais. Ele criou uma subcultura própria que tem arrebatado um amplo segmento do público masculino nos Estados Unidos. Esse grupo é unido por uma linguagem própria, uma espécie de gíria ao estilo Walter Winchell* que

*Famoso jornalista norte-americano dos anos 1940 e 1950. (N.T.)

Rome chama de *smack*, derivada em parte da linguagem de rua dos afro-americanos e em parte da que é falada pelas fraternidades universitárias. Uma parcela importante dessa subcultura baseia-se em ridicularizar quem não faz parte dela. Rome pode ser cruelmente ofensivo com ouvintes que não satisfaçam a seus requisitos, que falem o *smack* de forma errada ou que fiquem calados no ar. Essas humilhações constituem uma porção signficativa de seus programas. Os temas de suas arengas incluem questões tão amplas quanto o charlatanismo dos quiropráticos, restaurantes baratos de frutos do mar e, acima de tudo, o futebol.

Embora eventos específicos desencadeiem a maior parte desse ódio ao futebol – uma Copa do Mundo, notícias de catástrofes provocadas por *hooligans* –, Rome não precisa de uma causa imediata para motivar suas tiradas. Suas invectivas irrompem aleatoriamente. "Meu filho não joga futebol. Eu preferiria dar-lhe esquis e uma reluzente blusa de lantejoulas antes de lhe dar uma bola de futebol. Futebol não é esporte, não precisa aparecer na minha TV e meu filho não vai praticá-lo." Em momentos de honestidade, ele mais ou menos admite sua falta de lógica. "Se essa é uma coisa incrivelmente estúpida e o futebol está de alguma forma relacionado com ela, então o futebol deve ser a causa [da estupidez]", disse ele num programa em que atacou a fábrica de artigos esportivos Umbro por lançar uma linha de roupas chamada Zyklon, o mesmo nome do gás utilizado em Auschwitz. (Zyklon quer dizer ciclone. Por sua lógica, as palavras "concentração" e "campo" deveriam ser banidas do inglês coloquial por serem associadas ao Holocausto.) Freqüentemente ele endossa argumentos repulsivos. Num programa, zombou de que os times africanos dispusessem de médicos. "De modo que vocês podem acrescentar isso à lista dos motivos pelos quais eu odeio o futebol", vociferou ele.

Essas óbvias bobagens fazem parecer que ele tem orgulho de ser grosseiro, e que isso estaria em total acordo com seu caráter. Tais argumentos seriam mais facilmente descartáveis se fossem o produto de um único indivíduo ensandecido. Mas mentes bem mais astutas têm escorregado para o nível de Rome. Alan Barra, jornalista esportivo do *Wall Street Journal*, é uma delas. Em geral, Barra se distingue de seus colegas por apresentar argumentos bem refinados e argutos, claramente baseados em fatos e com evidências apoiando suas afirmações provocativas. Quando se trata de futebol, contudo, ele perde a linha. Escreve ele: "Sim, está certo, o futebol é o jogo mais 'popular' do mundo. E o arroz é o alimento mais 'popular' do mundo. E daí? Talvez outros países não possam se dar ao luxo de manter ligas de futebol norte-americano, basquete e beisebol; se pudessem, talvez gostassem muito mais desses esportes."

Ao contrário de Rome, Barra tem alguma noção de como esse tema o faz perder a cabeça. Tem a ver com seu ressentimento em relação aos yuppies que promovem o esporte. Afirma ele: "Os norte-americanos são tão otários quando se trata de alguma coisa com o rótulo europeu que muitos dos que até agora resistiram se renderiam à moda e obrigariam seus filhos a entrar numa escola de futebol para jovens." E, mais que isso, ele revela a preocupação de que os fãs do futebol desejem que os Estados Unidos "se unam ao programa do resto do mundo".

Como Barra deixa claro, o *lobby* antifutebol de fato articula os mesmos temores de Eurico Miranda e Alan Garrison: a fobia da globalização. Para compreendê-los, é importante observar que tanto Barra quanto Rome são fãs orgulhosos do beisebol. Os Estados Unidos, com sua cultura despudoradamente dinâmica, não têm muitas tradições profundamente arraigadas, transmitidas de uma geração para outra, que possam alardear como próprias. O beisebol é uma das poucas. Essa é uma das razões pelas quais esse esporte é alvo de tantas celebrações eivadas de nostalgia em filmes de Kevin Costner e livros de Stephen Jay Gould.

Mas, reconheçamos, o beisebol profissional dos Estados Unidos tem sido um perdedor na globalização. Diferentemente das ligas de basquete ou futebol norte-americano, a de beisebol não fez o menor esforço para atingir o público global. E o público global não mostrou apetite por esse esporte. Como não conseguiu dominar a economia global, o beisebol foi rechaçado por ela. Segundo a Associação Norte-Americana de Fabricantes de Material

Esportivo, o número de adolescentes que jogam beisebol caiu 47% entre 1987 e 2000. No mesmo período, o futebol praticado por jovens cresceu exponencialmente. Em 2002, havia 1,3 milhão a mais de crianças jogando futebol do que inscritas na Liga Juvenil de beisebol. E o perfil demográfico do beisebol tornou-se ainda mais branco. Ele não conseguiu atrair os afro-americanos e atrai poucos latinos que não cresceram no Caribe. Essa mudança também pode ser registrada pelo indicador mais importante. Pesquisas Nielsen mostram que, na maior parte dos anos, as finais da Liga de Beisebol não conseguem atrair mais espectadores que um jogo comum de futebol norte-americano no domingo à noite.

Não surpreende que os norte-americanos tenham se dividido desse jeito em relação ao futebol. A globalização fornece cada vez mais o subtexto para o racha cultural norte-americano. Isso não quer dizer que os Estados Unidos estejam violenta ou mesmo conscientemente divididos no que se refere à globalização. Mas depois que o 11 de setembro abriu novos debates sobre política externa, dois campos emergiram claramente na política do país. Um deles acredita nos dogmas essenciais da religião da globalização, tal como é pregada pelos políticos europeus – que os governos nacionais devem se submeter a instituições como a ONU e a OMC. É composto por pessoas que tendem a se opor à guerra no Iraque. E essa opinião reflete uma visão de mundo. Esses norte-americanos compartilham valores culturais com os europeus – um secularismo agressivo, um conjunto mais flexível de atitudes culturais que tolera os gays e o consumo de maconha , o que não surpreende, tendo em vista o fato de terem empregos e interesses turísticos que os colocam em contato regular com o outro lado do Atlântico. Consideram-se parte de uma cultura cosmopolita que transcende as fronteiras nacionais.

Por outro lado, há um grupo que acredita no "excepcionalismo norte-americano", a idéia de que a história e a forma singular de governo dos Estados Unidos proporcionaram a essa nação um papel igualmente singular no contexto internacional, que os Estados Unidos deveriam estar acima das leis e instituições internacionais. Seus adeptos consideram os europeus degradados por suas atitudes indulgentes e se preocupam com a ameaça que a tolerância secular representa à cultura norte-americana. Com tanto relativismo se infiltrando no *American way of life*, eles se queixam de que o país perdeu a autoconfiança para tomar as decisões básicas no que se refere à moral, para condenar o mal. O futebol não é exatamente pernicioso, mas é um símbolo de os Estados Unidos estarem jogando no lixo a sua tradição para "unir-se ao programa do resto do mundo".

Há muitos conservadores que detestam o relativismo, consideram os franceses uns fracotes e ainda assim adoram futebol. Mas não é coincidência que esse esporte se tenha tornado uma pequena pedra de toque nessa guerra cultural.

III.

Eu preferiria que o meu lado, o dos torcedores yuppies, fosse uma vítima inocente nessa guerra cultural. Mas tenho circulado o suficiente entre os conhecedores de futebol do meu país para saber que eles são um convite ao insulto. Trata-se de esnobes inveterados, tão esnobes, na verdade, que o fato de se voltarem contra os próprios companheiros não os preocupa. De acordo com suas críticas sarcásticas, seus colegas de torcida são diletantes sem um mínimo de compreensão real do esporte. São yuppies que admiram o futebol da mesma forma que uma fatia de queijo de cabra importado. Moram em bairros com renda *per capita* espetacularmente elevada, de modo que não têm nada parecido com a paixão ardente que caracteriza a classe trabalhadora.

Esse tipo de crítica autodepreciativa pode ser facilmente desmascarado. Eu vi com meus próprios olhos a evidência em contrário. Na primavera de 2001, a seleção dos Estados Unidos enfrentou a de Honduras no Estádio Robert Francis Kennedy, em Washington. Esse jogo vital nas eliminatórias da Copa do Mundo lotou o estádio, com a exuberância que a ocasião merecia. Os torcedores usavam a camisa da seleção. Seus cantos e coreografias faziam o aço e o concreto balançarem como uma *ola*. Num país com padrões de engenharia inferiores, seria hora de se preocupar com a possibilidade de desmoronamento. No campo, os gandulas corriam para pegar os tênis atirados pelos torcedores no goleiro adversário, uma pequena homenagem à loucura de Glasgow e à paixão de Barcelona. Vaiavam impiedosamente o bandeirinha, xingando sua mãe. Pode não ter chegado exatamente à atmosfera maravilhosa de um jogo da seleção inglesa, mas não ficou muito longe disso.

Há, contudo, uma importante diferença entre ter o mando do jogo em Londres e em Washington. A maioria dos ingleses vai torcer pela Inglaterra. Em Washington, mais ou menos metade do estádio vestia a camisa azul e branca de Honduras, era quem gritava até ficar rouco e jogava os sapatos no gramado. As aspirações norte-americanas de participar da Copa dependiam desse jogo. Mas naquele dia o estádio de Washington poderia muito bem localizar-se em Tegucigalpa.

Viajando pela Europa, ouve-se a mesma queixa vezes sem conta: os americanos são "hipernacionalistas". Mas haveria algum país no mundo que tolerasse tal animosidade contra a seleção nacional em sua própria capital? Na Inglaterra, França ou Itália, isso seria motivo para que os *hooligans* instalassem um inferno.

Os torcedores norte-americanos também não se ajustavam à imagem de uma potência hegemônica. O *Washington Post* tinha publicado uma mensagem da federação nacional de futebol estimulando-nos a usar camisas vermelhas em sinal de apoio à nossa seleção – e para nos distinguirmos claramente dos hondurenhos. Mas a maioria dos torcedores norte-americanos não tem a camisa vermelha da seleção nacional e não está disposta a ir até a loja de artigos esportivos para comprar a sua. Eles têm, contudo, camisas vermelhas do Arsenal, do Manchester United e do Ajax, ou, no meu caso, uma antiga do Barcelona, compradas em viagens à Europa. Embora oferecendo nosso apoio patriótico, não podíamos deixar de revelar nosso cosmopolitismo eurofílico.

Eu mencionei esse fato porque muitos críticos da globalização fazem dos Estados Unidos o vilão perverso da história. Mostram-nos empurrando Nike, McDonald's e *Baywatch* garganta abaixo de um mundo que não os deseja, esmagando culturas antigas em nome do poder e do dinheiro. Mas essa versão dos fatos contorna uma verdade óbvia: as corporações multinacionais são exatamente isso, multinacionais. Não representam os interesses nem a cultura dos Estados Unidos. Tal como alteraram os gostos e as economias de outros países, tentam mudar os gostos e a economia norte-americanos. Observem as campanhas da Nike e da Budweiser para vender o futebol nos EUA. Nenhum outro país tem sido submetido a fluxos tão intensos de capital e trabalho, tão remodelado pela imigração e ameaçado de forma tão constante em sua identidade nacional. Em suma, os Estados Unidos podem ser excepcionais, mas não são excepcionalmente imunes à globalização. E nós lutamos por causa dela, conscientemente ou não, tal como todo o mundo.

AGRADECIMENTOS

Quando mencionei pela primeira vez, hesitantemente, a idéia deste livro ao meu agente literário, Rafe Sagalyn, minha expectativa era de que iria rir de mim. Em vez disso, ele me disse para botar tudo no papel e escrever uma proposta. Depois disso, ele nunca mais me abandonou. Sou muito grato por sua lealdade, seus conselhos e sua amizade. Tim Duggan, meu editor, nem mesmo é fã de futebol – o que me torna ainda mais grato por sua dedicação a este livro. A edição de livros pode ser muito criticada. Diz-se que esses profissionais se transformaram em contadores de tostões e instrumentos dos departamentos de *marketing*. Mas felizmente Tim é da velha guarda. Pode estruturar um capítulo, implicar com um argumento e revelar um escritor. Ele cuida de idéias.

Gabriele Marcotti é o meu sábio guru do futebol. Conhece não apenas o esporte, mas sua política, sua economia e sua cultura. Sou extremamente grato pelas muitas horas que passou comigo ao telefone. Graças a ele, também, descobri uma rede de jornalistas que abriu suas Rolodex e compartilhou comigo seu considerável *know-how* profissional: Ben Lyttleton, Ian McGarry e Graham Hunter. Na Itália, Gabriele me colocou em contato com Aurelio Capaldi, que generosamente me guiou em Roma.

Meu primo Marcelo Waimberg tirou duas semanas de folga para me ajudar como tradutor. Foram as duas melhores semanas que passei trabalhando neste livro. Embora seja um engenheiro, ele tem a mente e a alma de um jornalista – cética e inquisitiva. Todo o meu clã brasileiro se caracteriza por estabelecer continuamente novos e insuperáveis recordes em matéria de hospitalidade. Passei várias semanas morando no quarto de hóspedes de Jacques e Nair Waimberg.

Em minhas viagens, estive sob a proteção de uma fraternidade internacional de jornalistas. Mil agradecimentos a Fiachra Gibbons, Angelique Chisafis, Pat Kane, Andrew Jennings, Richard Wilson, Gustavo Poli, Juca Kfouri, João Carlos Assumpção, Mário Magalhães, Raul Lores, Leonardo Pinto da Silva, Dejan Nikolic, Dejan Anastasijevic, Ivan Colovic, Kevin Mousley, John Carlin, Taras Hordiyenko, Mike Ticher, Grant Wahl, Gunnar Persson, Joan Poqui, Beppe Svergnini e Tommaso Pellizari. Também agradeço a ajuda de Andy Markovits, Aleksandar Hemon, Colin Jose, Houchang Chehabi, Amir Afkhami, Afshin Molavi, John Bunzl, Viktor Karády, Peter Szegedi, Sándor Laczkó, Tim Parks, Mario Sconcerti, Martin Vogel, Alex Alexiev, Eric Gordy, Walter Laqueur, Doug McGray, David Brett Wasser e John Efron. (Efron forneceu informações essenciais sobre o caráter judaico do Tottenham.) Dói-me saber que não estou expressando adequadamente a minha gratidão por dezenas de outras pessoas que me apoiaram pelo caminho.

Além de Tim Duggan, este livro beneficiou-se imensamente do olhar e da pena de vários outros amigos queridos: Bryan Curtis, Jodi Kantor, David Plotz, Jay Tolson e Jason Zengerle. Fico constrangido em pensar em quanto eles melhoraram meu manuscrito. Meus editores do *New Republic* – Peter Beinart, Chris Orr e Martin Peretz – concederam-me uma licença de oito meses para dar início ao projeto.

Minha família me deu a idéia de escrever este livro durante umas férias em Barcelona, quando estávamos sentados nas arquibancadas superiores do Camp Nou. Nos dois anos seguintes, meus pais e irmãos comunicaram-se comigo por meio de esboços e bilhetes. Por fim, mais que a HarperCollins, quem patrocinou este livro foi minha mulher. Sem seu estímulo e apoio – para não dizer compreensão –, eu nunca teria viajado pelo mundo para escrevê-lo. Adorei as horas que passamos isolados no escritório lá de casa enquanto ela lia o manuscrito – e eu a amo.

NOTA SOBRE AS FONTES

Não há muita coisa escrita sobre as conexões entre os *hooligans* sérvios e as guerras dos Bálcãs. Pelo que sei, o antropólogo Ivan Colovic foi o único a cobrir esse campo. Seu trabalho pode ser encontrado numa coletânea traduzida para o inglês, *Politics of Identity in Serbia: Essays in Political Anthropology* (Nova York, New York University Press, 2002). Colovic garimpou fontes obscuras – *pulp fiction*, programas de TV, seções de esportes – e produziu observações profundas. Diferentemente, porém, de muitos críticos culturais, ele tem uma compreensão tão grande da realidade quanto de teorias obtusas.

Meu capítulo sobre Glasgow deve muito a Bill Murray, acadêmico australiano que produziu as duas histórias mais rigorosas da rivalidade entre Celtic e Rangers: *The Old Firm: Sectarianism, Sport and Society in Scotland* (Edimburgo, John Donald, 1984) e *The Old Firm in New Age: Celtic and Rangers Since the Souness Revolution* (Edimburgo, Mainstream Publishing, 1998). Algumas historietas desse capítulo foram tiradas do livro de Stuart Cosgrove intitulado *Hampden Babylon* (Edimburgo, Canongate Books, 1991). T.M. Devine organizou uma coletânea de ensaios sobre a rivalidade sectária cujo título é *Scotland's Shame?* (Edimburgo, Mainstream, 2000).

Infelizmente, há poucos textos sobre o renascimento do futebol judeu. Entre eles, *Hoppauf Hakoah: Jüdischer Sport in*

Österreich von den Anfängen bis in die Gegenwart, de John Bunzl (Viena, Janus, 1987) e o catálogo da exposição do Museu Judaico de Viena intitulada *Hakoah: Ein Jüdischer Sportverein in Wien, 1909-1995* (Viena, Der Apfel, 1995). Além disso, há um importante livro comemorativo do 50º aniversário do clube, *50 Jahre Hakoah*, de Otto Bahr (Tel Aviv, Verlagskomitee Hakoah Tel Aviv, 1959). O futebol húngaro tem recebido um pouco mais de atenção. O historiador, crítico cultural e torcedor do MTK Tamás Krausz tem um esplêndido ensaio sobre a herança étnica de seu clube favorito que pode ser encontrado *online* em http:// www.eszmelet.tripod.com/angol1/krauszang1.html. Miklós Hadas e Viktor Karády também publicaram uma história do caráter judaico do MTK que pode ser encontrada em http:// www.replika.c3.hu/1718/hadas.htm. *Brilliant Orange: The Neurotic Genius of Dutch Football*, de David Winner (Londres, Bloomsbury, 2000), é um dos grandes livros sobre esse esporte. Recomendo o capítulo sobre o Ajax e os judeus em particular. O mesmo tema ganha um tratamento mais abrangente em *Ajax, The Dutch, The War: Football in Europe During the Second World War* (Londres, Orion, 2003). Por fim, há muita coisa escrita sobre Max Nordau, mas eu me baseei profundamente em *Zionism and the Fin de Siècle: Cosmopolitanism and Nationalism for Nordau to Jabotinsky*, de Michael Stanislawski (Berkeley, University of California Press, 2001).

Em http://www.chelsea-desktop-wallpaper.co.uk/ é possível encontrar capítulos do manuscrito de Alan Garrison. Para a compreensão das recentes transformações do futebol inglês, baseeime em *The Football Business*, de David Conn (Edimburgo, Mainstream, 1997).

Futebol, the Brazilian Way of Life, de Alex Bellos (Londres, Bloomsbury, 2002; ed. bras. *Futebol: O Brasil em campo*. Rio de Janeiro, Zahar, 2002), forneceu-me um relato da corrupção no futebol brasileiro, bem como os relatórios das investigações parlamentares e judiciais. Fiz várias referências a *Pelé: His Life and Times* (Londres, Robson Books, 2000). Muito de meu conhecimento sobre a história brasileira se deve a *The Brazilians*, de Joseph A. Page (Reading, Mass., Perseus Books, 1995), e *Brazil:*

The Once and Future Country, de Marshall Eakin (Nova York, St. Martin's Press, 1997).

The Dark Heart of Italy: Travels Through Time and Space Across Italy, de Tobias Jones (Londres, Faber and Faber, 2001), tem um excelente capítulo sobre o futebol italiano. Não encontrei um melhor sumário da política italiana do que *The Crisis of the Italian State: From the Origins of the Cold War to the Fall of Berlusconi* (Nova York, St. Martin's Press, 1995).

Barça: A People's Passion, de Jimmy Burn (Londres, Bloomsbury, 1998), faz um trabalho maravilhoso sintetizando a história de meu amado clube. *Morbo: The Story of Spanish Football*, de Phil Ball (Londres, WSC Books, 2001), também foi uma fonte útil.

Em relação ao futebol iraniano, contei com a erudição de Houchang Chehabi. Ele me permitiu ver um rascunho de seu ensaio intitulado "The Politics of Football in Iran". Também me baseei em seu ensaio "The Juggernaut of Globalization: Sport and Modernization in Iran", publicado no volume 19 do *International Journal of the History of Sport*. O ensaio de Christian Bromberger intitulado "Troisième mi-temps pour le football iranien" pode ser encontrado online em http://www.mondediplomatique.fr/1998/04/BROMBERGER/10280.

Por fim, quero expressar minha gratidão a Peterjon Cresswell e Simon Evans por escreverem *The Rough Guide's European Football: A Fan's Handbook* (Londres, Penguin Books, 1999). Segui sua perspicácia antropológica e suas dicas de viagem pelo continente europeu. Infelizmente, muitas páginas do meu exemplar foram se desprendendo da encadernação e acabaram sendo levadas pela brisa de Viena. *Football Against the Enemy*, de Simon Kuper (Londres, Orion, 1994), inspirou este livro.

ÍNDICE REMISSIVO

ESTA OBRA FOI COMPOSTA EM BERLING E BLUE HIGHWAY E
IMPRESSA EM PROCESSO SOB DEMANDA PELA UM LIVRO SOBRE
PAPEL OFF WHITE PARA A EDITORA SCHWARCZ A PARTIR DE 2024

FSC
www.fsc.org
MISTO
Apoiando o manejo florestal responsável
FSC® C128038

A marca FSC® é a garantia de que a madeira utilizada na fabricação do papel deste livro provém de florestas que foram gerenciadas de maneira ambientalmente correta, socialmente justa e economicamente viável, além de outras fontes de origem controlada.